이인평의 인물시

명 인 별 곡

제 1 집

서문

박희진 (시인·예술원 회원)

인물시란 무엇인가? 시의 주제로 인물을 선택하고, 그 인물의 특성이나 본질을 포착해서 형상화한 시작품을 말한다. 그러니까 인물시를 쓰기란 대단히 어려운 일로 사료된다. 열 길 물 속은 알아도 한 길 사람 속은 알 수 없다는 속담이 있듯 사람이 사람을 꿰뚫어 본다는 건 지극히 어려운 일이기 때문이다. 웬만한 시인은 그래서 인물시를 쓰지 않는다. 자칫하면 자기의 천박한 한계를 드러내는 데에 그치기 십상인데 왜 굳이 모험을 하겠는가.

그런데 여기 즐겨 인물시를 써온 시인이 있다. 이인평(李仁平) 시인이 그 사람이다. 물론 그는 인물시만 쓰는 건 아니고 근년에는 『가난한 사랑』이라고 아주 훌륭한 가톨릭 신앙 시집을 출간한 바 있다. 인평(仁平)이란 필명이 암시하듯 그는 어질고 깊고 너그러운 아량을 지닌 데다 누구에게나 공평을 잃지 않으려는 덕을 지닌 사람이다. 이인평이란 인물을 말할 때, 그가 독실한 가톨릭임을 빼놓을 수는 없다. 인간의 존엄성과 생명에의 외경, 진·선·미에 대한 뛰어난 감응능력, 찬미 정신, 매사에 진지하고 겸허한 태도, —말하자면 그러한 긍정적 사고와 열정이 늘 그를 지탱해 주는 근본인 까닭이다. 인간에 대한 남다른 관심과 사랑이 없다면 누구나 인물시는 단 한 줄도 쓸 수 없으리라.

이번에 선보이는 인물시 중엔 시인 묵객, 음악가 등 예술인들이 제일 많고, 반기문 유엔 사무총장과 김수환 추기경이 있는가 하면 각종 스포츠인, 디자이너, 영화감독, 의사, 법학자, 건축가, 매화 분재가, 와인 전문가 등 각계의 정상급 인물들이 대상으로 되어 있다.

관심의 영역이 넓고 다양함을 알 수 있다. 시인 묵객, 음악가 등 예술인들이 태반을 차지하고 있는 것은 이인평 자신이 시인이기 때문이라 볼 수 있겠으나, 그밖에도 이색적인 직종의 인물들이 등장하는 것은, 워낙 그가 열린 마음의 소유자인 데다 유머 감각도 풍부하고 술도 잘 하며 남과 잘 어울릴 줄도 아는, 다정다감한 휴머니스트인 때문이라 여겨진다. 등장인물들에게 공통점이 있다면, 그들은 저마다 자기의 전문 분야에 있어서의 달인, 명인의 경지를 지향하거나 실현한 사람들이라는 것이다. 그리고 또 하나, 그들은 모두 아름다운 영혼의 소유자라는 점이다.

이인평의 인물시는 정신적 취향이 비슷한 독자라 하더라도 누워서 떡 먹기로 다가갈 수는 없다. 한두 번 읽어서는 안 되고, 마음을 비우고 서너 번은 읽어야 차츰 눈이 트이게 될 줄 안다. 시의 내용이 너무 깊고 무겁기 때문이다. 하지만 다행이 시의 언어들이 잘 숙성된 데다 감칠맛 나는 리듬을 타고 나오고 있다. 함축된 의미가 절묘하게 표현되려면 은유법을 써야 하는데 그는 그걸 태 나지 않게, 능숙하게 구사하여 독자를 은연중 끌어들이고 있다. 읽으면 읽을수록 그의 표현법에 길들여져서 독자는 어느덧 그의 시의 매력에 빠지게 된다. 각 시편마다 새로이 이해된 영혼이 갖는 독특한 얼개와 그 향훈에 도취하게 된다.

참으로 이 시집엔 영혼이란 말이 부지기수로 나오고 있다. 우리는 곧잘 '인간은 영혼과 육체로 구성된 존재' 라느니 '만물의 영장' 이라고들 말하고 있지만, 육체에 대해서는 지나칠 정도로 많은 관심과 연구와 수련을 아끼지 않으면서 영혼에 대해서는 상관이 없다는 듯 관심 밖으로 내치고 있다. 그만큼 우리는 영혼 결핍의 시대에 살고 있다. 그런 의미에서 이 시집의 의의는 크다. 사막의 오아시스 같다면 과장일까.

나는 이 희유의 시집을 통독하고 나서 이인평 시인의 영혼에 대해 새삼 생각을 모으고 있다. 한 인간이 다른 한 인간의 영혼을 투철히 알아내기란 매우 어렵고 벅찬 노릇인데 수십 명의 개성이 뚜렷하고 아름다운 영혼들이 저마다 지닌 독특한 얼개를 어떻게 환히 밝혀 낼 수 있었을까. 또한 그 얼개에 깃들어 숨쉬는 본질의 아름다움, 그 독자성과 고귀한 가치를 어떻게 낱낱이 절묘하게 찬미할 수 있었을까. 그러기 위해서는 얼마나 많은 정성과 사랑과 집중의 노력이 바쳐졌을 것인가. 이러한 작업은 단순한 이해력 또는 통찰력의 한계를 넘어 상상력의 무한 신장과 구석구석 미치는 촉수가 있었기에 비로소 가능했을 것으로 본다.

유능한 시인이 도달할 수 있는 최고의 경지는 찬미의 시다. 찬미의 시는 아무나 쓸 수 없다. 늘 부단히 정련된 자신을 최대한 집중하고 지속할 수 있는 능력을 키워야 가능한 것이다. 다시 말해서 늘 끊임없이 자신의 영혼을 갈고 닦는 힘이 마르지 않도록 자신과의 싸움에서 이긴 시인이라야, 그리하여 고차원의 시안(詩眼)이 열린 시인이라야 대긍정과 찬미의 길을 갈 수 있다.

이 인물시집의 출간으로 이인평 시인은 자신의 정신사에 한 획을 그었다고 생각한다. 그런데 그의 인물 탐구는 이 『명인별곡』 한 권으로 끝나는 게 아니라 제2, 제3의 후속편이 구상되고 있다 하니, 필시 그것들이 성공적으로 완간되는 날엔 나름대로 한 시대의 정신사적 문화사적 축도랄까 귀중한 단면이 드러날 터이므로 기념비적 장관이 되지 않을까 벌써부터 기대된다. 그의 가일층의 자중자애와 정진을 빌어마지 않는 바다.

차 례

서 문 … 3

제1부 : 존재의 고난을 초월하고

신비로운 여신의 춤 | 강수진 발레리나 … 12
그의 캔버스 3인치는 꿈의 대명사 | 강익중 설치 미술가 … 14
시를 지고 다닌 외교관 | 고창수 시인 … 16
충북 옥천—나—1987 | 곽종옥 매화 분재가 … 18
아버지의 모습을 닮은 그대로 | 구 상 시인 … 20
동심의 성자 | 권정생 아동문학가 … 22
국민에게 사랑 받는 마에스트로 | 금난새 지휘자 … 24
아미산의 리얼리스트 | 김경인 화백 … 26
패기에 찬 영상의 개척자 | 김기덕 영화감독 … 28
바보의 경지를 펼쳐 보인 천재 | 운보 김기창 화백 … 30
영혼의 거울에 비친 담백한 빛깔 | 김동호 시인 … 32
위대한 목자 | 김수환 추기경 … 34
영원을 향한 시혼의 빛 | 김승희 시인 … 36
전설이 전설로 이어지고 있는 풍경 | 김연아 피겨스케이팅 선수 … 38
아름다운 영혼의 영상 | 김영갑 사진작가 … 40
정신의 깊은 물살 | 여초 김응현 서예가 … 42

제2부 : 마음에서 비쳐 나오는 밝은 표정

거장의 눈물 | 문 신 조각가 … 46
희망 메시지 "나는 산다!" | 박승일 농구 코치 … 48
공처럼 둥근 지존 | 박지성 축구 선수 … 50
나비 공간 | 박찬일 시인 … 52
코리언 특급 61번 | 박찬호 야구 선수 … 54
외유내유의 한 중심에서 | 박흥순 화백 … 56
장송의 푸른빛이 깨달음인 줄 | 박희진 시인 … 58
성실과 겸덕의 고매한 인품 | 반기문 유엔 사무총장 … 60
성대모사의 대가 | 백남봉 코미디언 … 62
거장의 부활 | 백남준 비디오 아티스트 … 64
제주가 낳은 불굴의 화풍 | 우성 변시지 화백 … 66
동안의 체 게바라 | 서태지 가수 … 68
요셉이란 이름의 그리스도 | 선우경식 요셉의원 원장 … 70
선미한 영혼에게 돌아간 보석 | 성찬경 시인 … 72
운해 위로 솟은 봉우리 | 강암 송성용 서예가 … 74
건반 위의 사랑의 마술사 | 신수정 피아니스트 … 76
사슴의 눈동자 같은 시심 | 신현락 시인 … 78
판소리계의 프리마돈나 | 안숙선 명창 … 80
빛의 화법과 화법 사이에서 | 안승완 화백 … 82

제3부 : 그가 바라본 봉우리들

백의의 명장 | 앙드레 김 패션디자이너 … 86
기적의 여신 | 오은선 산악인 … 88
물고기들의 길을 보며 | 오종명 건축가 … 90
삶의 이정표처럼 정신을 한껏 드높이고 | 이길원 시인 … 92
사모의 강물에 뜬 배 한 척 | 이무원 시인 … 94
영혼이 된 섬 | 이생진 시인 … 96
학이 되고 산이 되어 | 동고 이석수 서예가 … 98
세상의 애환을 바라보는 그 마음 | 이승하 시인 … 100
천 년의 세월로 이루어진 해후 | 창원 이영복 화백 … 102
바람의 옷, 바람의 여신 | 이영희 한복 디자이너 … 104
농부의 유적 | 이원근 농부 … 106
와인, 그 미래의 아날로그 바에서 | 이재술 와인 소믈리에 … 108
돌부처가 천 년의 잠에서 깨어난 듯 | 이창호 바둑기사 … 110
톤즈의 예수 | 이태석 의사 신부 … 112
시로 피어난 고결한 영혼 | 이해인 시인 … 114
네 손가락의 기적 | 이희아 피아니스트 … 116
라이브의 여왕 | 인순이 가수 … 118
운수재 가는 길 | 임 보 시인 … 120
영상미의 거장 | 임권택 영화감독 … 122
그가 들어 올린 것은 바로 자신 | 장미란 역도 선수 … 124
현의 마녀 | 정경화 바이올리니스트 … 126

제4부 : 인간적인 휴먼 드라마

화두, 그 불 속의 영혼 | 조광호 화백 … 130

심성의 멋진 풍광 | 조성하 여행가 … 132

하늘이 내린 프리마돈나 | 조수미 소프라노 … 134

소리의 거인 | 조용필 가수 … 136

빛의 천사 | 주천기 안과 명의 … 138

바람 부는 언덕의 고독 | 채희문 시인 … 140

조선의 마지막 도공 | 천한봉 도예 명장 … 142

표범의 눈을 가진 탱크 | 최경주 골프 선수 … 144

고려의 명장 | 최동호 시인·평론가 … 146

그리움의 스피드 | 최명길 포뮬러3(F3) 드라이버 … 148

르네상스적인 선비 | 최종고 시인·법학자 … 150

거문고 타는 소년, 금아! | 피천득 시인·수필가 … 152

장미(열정)의 여걸 | 한비야 저술가 … 154

인간에 대한 사랑의 품격 | 한순자 시인 … 156

어머니의 긴 그리움 | 함동선 시인 … 158

초춘월야강매도 | 홍쌍리 매실 명인 … 160

가마의 불길로 타오른 열정 | 홍종설 도예가 … 162

난시화 | 홍해리 시인 … 164

고결한 군계일학의 거장 | 석전 황 욱 서예가 … 166

위대한 승리 | 황영조 마라톤 선수 … 168

고요에서 피어난 영혼의 맑은 향기 | 황인란 화백 … 170

시집 해설 … 172

강수진 발레리나

강익중 설치 미술가

고창수 시인

곽종옥 매화 분재가

구　상 시인

권정생 아동문학가

금난새 지휘자

김경인 화백

김기덕 영화감독

운보 김기창 화백

김동호 시인

김수환 추기경

김승희 시인

김연아 피겨스케이팅 선수

김영갑 사진작가

여초 김응현 서예가

제1부 : 존재의 고난을 초월하고

인간의 환경은 대개 삶에 대한 긍정과 부정 사이에 놓여 있다. 어느 쪽을 선택하느냐는 순전히 자유다. 희망과 절망, 사랑과 미움, 아름다움과 추악함, 인내와 포기, 칭찬과 험담 등으로 대립되는 양면성의 시각과 판단이 자신 안에 놓여 있으므로, 누구든 그중 하나를 선택하려면 먼저 칼을 뽑아야만 한다. 하지만 그 칼을 긍정으로 잡지 않고 부정으로 잡는다면, 결국 희망, 사랑, 아름다움, 인내, 칭찬 같은 긍정을 잘라 버리게 된다면, 자유라는 고삐를 쥔 자신에게 남는 것은 무엇이겠는가. 자신의 고삐를 잡아당기는 습관대로 언어가 표현되듯, 나의 인물시 작업 또한 긍정을 잡아당긴 만큼 개화될 것이다.

– 시작(詩作) 메모 중에서

신비로운 여신의 춤

– 강수진 발레리나

한 마리의 백조가 물 위로 날아오르듯
그가 화려하게 무대 위를 날아올랐다, 그 절정의 순간
그가 겪어온 고통과 시련의 세월도 함께 날아올랐다

그의 내공은 끊임없는 연습이었다
그는 하루에 열아홉 시간의 연습으로도 성이 차지 않았다
온몸이 온전히 춤이 되기까지
그의 몸은 곧 그의 정신과 열정의 노예와도 같았지만
그가 세계적인 프리마 발레리나가 될 수 있었던 건
자신의 몸을 발레, 그 자체로 변화시키지 않고는 불가능했다

그의 발을 보면 울컥 눈물이 앞선다
얼마나 동작에 열중했으면 발가락이 모두 기형이 되었을까
이미 그의 발가락은 마디마디가 대 뿌리 같았고
엄지발가락은 느티나무 옹이의 혹처럼 발톱을 에워싸고 있다
참으로 자신이 받아들인 고통치고는 비극적인 발이었지만
그가 보여준 아름다움이야말로 무용수의 극치였으니

그가 홀연히 춤의 날개를 펴고 날아오를 때
아, 고통 속에서 피어난 아름다움의 신비여!
시련을 견디고 날아오르는 춤의 여신이여!

그는 독일 슈투트가르트 발레단의 수석 발레리나가 되기까지
마치 순교자와 같이 자신을 온전히 발레에 헌신했기에
관객들은 그의 빼어난 동작들을 보는 순간
인간으로서 불가능한 경지와 그 아름다움 앞에 찬사를 보냈다
숨이 멎을 듯한, '잠자는 숲 속의 미녀' 에게 홀리듯
존재의 고통을 망각한 채, 신비로운 여신의 춤에 넋을 잃었다

* '잠자는 숲 속의 미녀' 는 그가 주역을 맡았던 작품 중 하나.
* 독일 슈투트가르트 발레단 수석 발레리나.

그의 캔버스 3인치는 꿈의 대명사

– 강익중 설치 미술가

그의 손끝에서 꿈의 새싹이 돋아났다
그 꿈은 '놀라운 세상' 이 되고
사람들의 마음을 물결치게 하는 '삼라만상' 이 되었다
10세기쯤 앞당겨 태어난 그의 영혼이
다시 10세기 후를 내다본 안목의 터전에다 피워 낸 꿈을 바라보면
현실은 어느새 '행복한 세상' 으로 변화되었고
그가 뉴욕에서 고생하던 시절에 창안한 3인치짜리 캔버스는
존재의 미래를 꿈으로 부풀게 하는 그림의 씨앗이었다
그가, 그 3인치의 씨앗으로 지구촌 수십만 어린이들의 꿈을 모아
색채로 출렁이게 하는 순간, 와! 수십만의 밝은 꿈이
수십억의 어둠을 아름다운 색채로 고요히 쓸어내고 있었다
놀라운 세상은 삼라만상이 되고, 삼라만상은 다시 행복한 세상이 되어
관객들을 거대한 화면 속으로 끌어들일 때
그 감동은 마치 대륙의 해안을 출렁이는 밀물 같았다

그는 어쩌면 달에서 태어났으리라
달에서 지구의 색채를 바라보며 자란 소년의 영혼이

맑고 푸른 꿈으로 물들었을 때, 그는 그 꿈을 찾아 지구로 왔고
자신이 그리던 꿈의 색채를 지구의 어린이들에게서 찾았으리라
그리하여 그는 다시 지구에서 '꿈의 달' 을 띄웠다
그것은 달에서 태어나 지구인이 된 그의 영상이 투영된 달이었을까
아니면, 그가 달에서 바라본 꿈의 기억이 투영된 푸른 지구였을까
135개국 12만 어린이들이 그린 꿈을 붙인 달, 호수에 띄운 달빛이
그의 예술혼이 가 닿은 '30세기' 의 꿈 물결에 어렸다
그의 캔버스 3인치는 곧 꿈의 대명사였다
그가 3인치의 그림으로 30세기에 당도할 꿈의 영상을 보여 줄 때
지상의 꿈이 3인치로 통하는 그의 아름다운 달빛을 보며
이제 사람들은 밝게 다가오는 미래를 향해 물 밀려가리라

* '놀라운 세상', '삼라만상', '행복한 세상', '꿈의 달' 은 그의 작품 제목들이고, '30세기' 는 그와 백남준이 나눈 예술적 안목의 수치(數値)로서, 예컨대 '나의 작품은 30세기를 내다본 것이다.' 와 같은 견해임.

시를 지고 다닌 외교관

– 고창수 시인

그는 명상의 강가에 앉아 있었다
강물의 풍경 속으로 낱말들이 흐르고
그의 안경 렌즈 안으로
바람, 물소리, 고요가 들어오고 '원효' 가 들어온다

원효와 예수 그리스도 사이에서 처용도 만나는
그의 모국어의 그물 속에서
명상 깊숙이 조리개를 맞추어 건져 올린 물고기들이
비늘을 번뜩일 때
그 순간, 그는 허무주의를 지나
낱말과 낱말의 살아 있음을 포착했던 것일까

언어의 굴절을 풀고 강물로 흘러내린
그의 장시 '모헨조다로' 를 보면
빛의 부재 속에서 어둠을 굽이쳐 가는 물살이
다시 빛으로 솟구쳐 나오듯

영지버섯 같은 그의 귓가에서
존재의 불꽃이 일렁이는 소리 들릴 때
긴 사념을 흘러 시로 분출하는 그의 깊은 호흡은
시간의 강을 돌아
문명의 그림자를 밟으며 다가왔다

이미 오래전, 그가 외교관의 임지로 떠날 때부터
시의 짐을 지고 다녔던 어깨 아래로는
먼 곳을 심혼으로 응시해 온 그의 영상들이
맑게 흐르고, 그 물결에 이젠 내 옷깃이 젖는다

* '원효'는 그의 시집 『원효를 찾아』에서, '모헨조다로'는 그의 장시 제목에서 온 것.
* 파키스탄 대사 역임.

충북 옥천-나-1987

- 곽종옥 매화 분재가

음력 이월 중순.
한낮의 햇살에 등을 붙이고
'충북 옥천-나-1987' 오토바이를 타고 달리는 그는
매화나무다

작년에 회갑 잔치를 마치고 더욱 화사하게 핀 그들 부부가
백매, 홍매의 꽃향기를 껴안고
'옥매원' 가득 고인 봄볕을 받고 있었다

엄나무 백숙으로 입맛을 녹아나게 하는 식당 '논두렁 밭두렁'에서
십리 길 본가(本家) 쪽으로 달리는 오토바이에 앉은 그가
이른 봄마다 매화꽃을 피우고 있다는 말을 전설처럼 듣다가
달빛이 환한 어제 밤에
매화꽃으로 핀 그의 향기에 취해 술잔을 비우니
거울 속 딴 세상 같은 봄밤이 꽃잎처럼 간드러지게 파고들었다

고택(古宅)의 처마에 닿은 백매의 무수한 꽃망울들이

밤새껏 옥(玉)으로 다듬어져 나온 아침나절의 밭에는
그가 접목한 매화나무 묘목들이
향기에 뒤채이듯 아지랑이 속에서 백향(白香)의 꿈을 물고 있었다

일행이 서로 작별하는 중에도
산 빛에 닿은 봄바람이 옷자락을 붙드는데
차마 떠날래야 떠날 수 없는 고향 유정을 마주하고
한세상, 매화의 꽃봉오리들이 터지듯 인정 넘치는 그들 부부는
내내 미소의 향기를 뿜고 있었다

* 충북 옥천-나-1987'은 그의 오토바이 번호판이고, '옥매원'과 '논두렁 밭두렁'은 그들 부부가 경영하는 분재원과 음식점 이름.

아버지의 모습을 닮은 그대로
– 구 상 시인

주여, 당신의 신비를
그에게서 보게 해 주시니 감사합니다

그는 당신께서 입혀 주신
영혼의 날개를 걸치고 있었습니다
그는 삶의 고난을 기쁘게 짊어지고
당신의 영원을 살고 있었습니다

그의 목소리는
당신이 우리에게로 다가오는 발걸음에 닿았고
그가 지상에서 만난 역경의 세월들은
한 마리 학처럼
천상의 옷자락 사이에서 빛을 감고 있었습니다

그는 아버지의 모습을 닮은 그대로
당신을 향한 찬미의 미소를 머금은 어린이였습니다
당신은 그의 맑은 영혼으로

기쁨의 파문이 녹아들게 하셨습니다

당신은 그에게 신비가 무르익도록 드러나게 하시고
세월의 긴 강에서
그를 태운 배가 당신의 피안에 다다를 때까지
당신은 또 그를 통하여
물결과 영혼이 한길에 닿아 있음을 알게 하십니다

당신의 신비 안에
당신과 하나가 되고, 한몸인 길에서
그가 당신을 비추고 있었습니다
주여, 그 빛을 보게 하시니 감사합니다

* 전 예술원 회원.

동심의 성자

– 권정생 아동문학가

한때 그는 집도 절도 없는 걸인이었다
그가 지은 책을 만지면 이내 손끝이 떨려온다
가난의 풍경이 너무도 맑아
그가 걸어온 일생 앞에서 눈물이 난다

그 어느 수도자가 그의 고행을 따를 수 있으랴
그 어느 작가가 그의 삶을 따를 수 있으랴

혈혈단신으로 늑막염과 전신 결핵의 고통을 안고
동심의 순결을 잃지 않았던 그의 생애!
흙으로 지은 대여섯 평짜리 오두막집에 살면서
샘물 같은 청빈을 지키며 살았던 그의 정신!

빌뱅이 언덕 아래 습한 개울을 끼고
외풍을 막으려고 골함석을 덧댄 초라한 흙집을 보면
감히 그의 여정을 짚어 보려는 이가 부끄럽다

가난 속에서 태어나 가난으로 생을 마친 그는
기도와 동화 쓰기로 생을 다스린 동심의 성자였다
그는 베스트셀러 작가가 된 이후에도
검소한 생활을 율법처럼 지켜 살아온 빈자였다

그는 자신의 삶과 신앙의 깊이를 동화에 담아
생명의 작고 소중한 것들의 위대함을 세상에 알렸다
그는 소변 주머니를 찬 채, 어머니를 부르며 임종했다
인세(印稅)는 모두 어린이들에게, 살던 흙집은 허물어
자연에게 돌려주라는 유언을 남겼을 뿐이다

그의 삶은 곧 그가 보여준 한 편의 동화였다
동심의 성자가 들려준 영혼의 고귀한 메시지였다

국민에게 사랑받는 마에스트로

– 금난새 지휘자

태풍주의보가 내려진 가운데 폭풍우가 몰아치듯
그의 지휘봉이 악보의 허공을 몰아치기 시작했다
그가 비발디의 사계 중 여름을 불러내자
객석을 가득 메운 소년원 학생들의 가슴이 열렸다

이미 6년 이상, 전회 전석 매진의 대기록을 갱신해가는
'해설이 있는 청소년 음악회' 중에서
생상의 동물 사육제가 빠르고 신나게 연주될 때는
청소년들이 마치 폭풍 지난 감동의 바다처럼 고요했다

학교, 군부대, 산업현장, 기업체, 정부기관 등
그가 가는 곳 어디서나 그의 음악은
사람들의 영혼에 깊은 애정의 울림을 새겨 주었다

그에게 음악은 만남, 겸손, 유머이기도 했다
빛과 소금처럼, 그의 음악 인생이 지닌 해맑은 심성은
누구에게나 부드럽고 훙겹고 감미로운 기쁨이었다

그는 자신의 이름처럼 '나는 새' 가 되어
소외된 도서 벽지까지 날아다니며 음악을 지휘했다
그가 클래식의 감동을 온전히 전해주기 위해
참기름을 치듯 쉽고 유쾌한 해설을 곁들여줄 때마다
무대와 객석 또한 온전히 하나가 되었으니

그를 사랑하지 않을 사람은 없으리라
그가 명예를 떠나 음악의 참된 감동을 베풀었기에
그를 아끼는 국민의 마음 또한 음악과 같아
그의 손끝에서 흘러나오는 선율처럼 행복하리라

* 유라시안 필하모닉 오케스트라 음악감독 겸 상임지휘자.
(주)유라시안코퍼레이션 CEO.

아미산의 리얼리스트

– 김경인 화백

그의 그림 속 소나무들은
한결같이 춤을 추듯, 몸부림치듯 꿈틀거렸다
작가의 분신처럼, 존재의 뿌리에서 정수리까지
안간힘을 다해 고난을 분출하듯이
온몸을 뒤틀며 운명적인 조형의 극치를 드러냈다

그것은 생명의 율(律)이었다
모든 고통과 분노와 저항이 그 한계를 다스려
더 이상 어느 것에도 아랑곳하지 않은 춤사위였고
그가 붓을 통해 전달하고자 했던
민족정신의 기세가 충만한 소나무의 울림이었다

일찍이 그는 빛의 투시력을 지니고 있었다
군부독재 하에서 권위와 보수에 안주하는 세태를 보며
'정직하게 현실과 자신의 감정을 드러낼 수 있는
그림을 그리기로 작정' 한 이후
역사의 어둠을 향한 진실을 그대로 화폭에 담아

절규, 문맹자, 군상, 소멸 같은 제목으로
억압에 대한 현실을 상징적으로 고발하고 외친 그는
사물과 이데올로기의 본질을 파고든 예언자였다

이제 그는 초연한 풍모와 너그러운 심성으로
대자연의 오랜 숨결을 듣고 있었다
'아미산' 자락에서 홀로 묵상에 잠긴 그를 만났을 때
심심하면 그림이나 그린다는 농담조차도
리얼리스트인 그가 그린 한 폭의 자유로운 필치였으니
양심을 거스르지 않고 살아온 그의 삶이야말로
그의 영혼이 그려온 독야청청(獨也靑靑)한 화풍이었다

* '정직하게 현실과 자신의…'는 그의 어록에서 온 것이고, '아미산'은 당진에 있는 그의 작업실 뒷산 이름.

* 전 인하대학교 예술학부 교수.

패기에 찬 영상의 개척자

– 김기덕 영화감독

그는 영화계에 돌연변이처럼 나타났다
애당초 그의 몸 안에서 꿈틀거렸던
예술에 대한 혁명적 기질이 새롭게 표현되면서
개성적 스케일로 쏟아져 나온 그의 영상들은
일찍이 없었던 암유적인 충격을 던졌다

그가 자신에게 주어진 삶을 그대로 받아들이면서
고난을 극복해온 예술혼의 열정을 보여주자
관객들은 그의 초기 작품에서 갈등을 접하기도 했지만
그것은 관객이 지닌 안목의 양면성에서 드러난
그만의 예술적 진정성에 대한 반사적인 찬사였다

그는 견디기 어려운 가난 속에서도
패기의 중심을 잡고 운명의 길을 힘차게 달려왔다
초등학교 졸업 후 공장과 군대를 거쳐
시각 장애인들에게 봉사하며 신학을 공부하다 말고
무작정 파리에 가서 그림을 그리다가, 다시

시나리오를 쓰면서 영화를 개척해온 그의 변신은
그 자신도 예측할 수 없는 변화무쌍한 여정이었다

그는 처음부터 자신만의 독창적인 영상을 통해
존재의 현실과 예술의 경계를 반추상으로 넘나들며
인간 본능이 좌충우돌 속에서 표출해온
히스테릭하고도 그로테스크한 심리를 반추해가며
전인미답의 독보적인 상상력을 과감하게 펼쳐 보였다

그가 진정으로 가난과 아픔을 사랑하지 않았다면
영화 '봄 여름 가을 겨울 그리고 봄' 을 비롯한
그토록 아름다운 영상의 깊이를 담아내지 못했으리라
존재의 삶에 대한 애정을, 그가 지니지 않았다면……

바보의 경지를 펼쳐 보인 천재

– 운보(雲甫) 김기창 화백

일찍이 그의 삶은 침묵에서 출발했다
일곱 살에 청신경 마비로 들을 수 없었던 그가
필담을 나눌 때 16절 갱지에다 쓴 글씨를 들여다보면
대화의 속도를 맞추려는 듯 빠르게 흘려 쓴 글씨였고
그의 글씨는 곧 들림으로부터 유배된 운명의 상징이었다

그는 모든 언어를 귀가 아니라 눈으로 들었다
그는 오로지 그림으로 말을 하기 시작했고
자신의 그림 속에서 들려오는 소리를 듣고 있었다

소를 타고 가는 들녘의 소년에게 피리를 불게 했고
모녀와 레코드를 함께 그려 음악이 흐르게 했다
역동적인 군마도에선 말발굽 소리가 들려왔고
흥겹게 춤을 추는 기녀도에선 장고 소리가 들려왔다
베틀에 앉은 여인은 베 짜는 소리를 들려주었고
청록산수의 계곡은 끊임없이 맑은 물소리를 들려주었다

그의 그림들은 붓놀림이 아니라 그 자신의 영혼이었다
그는 '들리지 않는 것을 불행으로 생각하지 않고'
오히려 그리스도의 생애를 한국화의 뛰어난 필치로 그려
일찌감치 자신이 지닌 존재의 고난을 초월하고 있었다

그의 천진하고도 바보다운 기질은 신선의 풍모였다
구상과 추상을 넘나드는 변화무쌍한 열정으로
호방하고 동적인 정신을 표현한 그의 작품들을 대하면
바보의 경지를 펼쳐 보인 천재의 화풍이었으니
"선(禪)의 삼매경에서 그리고 싶다"는 마지막 소원과 더불어
그의 생애가 보여준 고독한 삶의 깊이 또한 명작이었다

* '들리지 않는 것…'과 '선(禪)의 삼매경…'은 그의 어록.
* 전 예술원 회원.

영혼의 거울에 비친 담백한 빛깔
– 김동호 시인

조촐한 말씨에서 흙냄새가 일었다
스타일이 항상 가뿐해 보이는 것은
많은 생각들을 간결하게 절약한 탓일까
무엇을 원망하는 빛이 전혀 없으니
여삼추(如三秋)도 없으리라

그의 담백한 시편들은
행간마다 미소를 뿌려 두었다
영문학 외길을 지나오면서도
발자국 끌리는 소리 한 번 없었던 듯
앉아서 마주 보는 눈빛은 정화수 같았다

마음결에 흐르는 그의 겸손이
천심(天心)의 빛깔로 우려져 나오는 것은
세상 한 곳을 떠받쳐 주는 심성의 매력이 아닐까
'산본(山本)' 에다 인본(人本)을 풀어 놓았는지
기우는 술잔도 쫓김이 없다

우연, 좋은 날을 고를 줄 알고
때를 맞출 줄 아는 이가 있다면
단연코 그에게 귀한 술벗을 청하리라
그의 심성이 비추어 주는 부드러움에 안겨
영혼의 기쁨을 음미하게 되리라

* '산본'은 그의 사택이 있는 산본 신도시의 지명에서 온 것.
* 본명 김익배(金益培). 전 성균관대학교 영문과 교수.

위대한 목자

– 김수환 추기경

주님, 그가 우리에게 당신을 보여 주었습니다
당신이 사랑하신 이 땅의 민족들에게
그는 당신의 사랑이 무엇인지를 알려 주었습니다

그의 눈물은 곧 당신의 눈물이었고
그의 교훈은 바로 당신의 가르침이었습니다
그의 희망과 용기는 곧 당신의 자애였고
그의 외침은 바로 당신의 말씀이었습니다

주님, 그는 당신의 고통을 찾아다녔습니다
아픔을 안고 살아가는 가난한 이들을 찾아
당신이 짊어졌던 십자가의 고난을 함께했습니다

그는 모든 이에게 모든 것이 되어주기 위하여
당신처럼 자신의 모든 것을 내주었습니다
고통과 갈등으로 몸부림치는 양 떼를 찾아다니며
당신께서 주신 자비와 용서를 베풀어 주었습니다

주님, 그의 삶은 어디서나 빛과 소금이었습니다
어둠에 짓눌려 신음하다 찾아오는 이들에게
진정한 삶의 권리에 대해 같이 고민했습니다

그는 스스로를 낮추어 당신의 겸덕을 드러냈고
슬퍼하는 이들과 함께 눈물을 흘리며
당신의 놀라운 위로와 축복을 안겨 주었습니다

주님, 그에게서 드러난 당신을 보았습니다
위대한 목자이신 당신의 사랑을 가지고 나타난
그의 거룩한 생애가 밝혀준 당신을 보았습니다
그를 통해 우리에게 오신 당신의 모습이었습니다

* 전 천주교 서울대교구 교구장.

영원을 향한 시혼의 빛

– 김승희 시인

어느 때부턴가
그의 이름이 바람처럼 스며들었다
동시대에 태어난 세대의 아픔을 위로해 주듯
처음 다가왔던, '승희' 라는 어감에서 오는 상승적 이미지가
때때로 시의 운향과 함께 밀려들었다

그의 영혼은 서서히 각인된 화석처럼 단단해 보였다
그가 꿰뚫어보는 시각을 따라가다 보면
영혼의 빛으로 꺼내서 보여주는 그의 진실한 언어들이
혼탁한 세상 속에서도 백목련처럼 피어 있었다

입신양명에 눈먼 허깨비들이 난무하던 시대 속에서도
격정에 휘말리지 않고 다가오는 걸음처럼
그의 시가 한 예언자의 목소리로 길게 울려올 때
나는 그의 시에서 고요한 진실의 향기를 맡았다

그는 지금도 진실을 젊음처럼 지니고 있었다

그가 신작 시를 통해 “슬픔은 비료와 같아
시의 이곳저곳에 뿌려둬야지” 라고 말하는 것만 보아도
슬픔은 곧 수채화 같은 존재의 아름다움이기에
그의 영혼이 갈수록 더욱 푸르다는 것을 알게 했다

어느 날, 문예지에 실린 그의 얼굴을 보는 순간
나는 그의 눈에서 빛나는 한줄기 예리한 시정신이
세상의 어둠 위로 솟구쳐 오르는 것을 느꼈다
그것은 분명, 그가 오랜 세월 쉼 없이 갈고 닦아 온
영원을 향한 시혼의 빛이었으리라

* ‘슬픔은 비료와 같아…’는 그의 시 「시의 응급실에서」에서 온 것.
* 서강대학교 국문과 교수.

전설이 전설로 이어지고 있는 풍경

– 김연아 피겨스케이팅 선수

스케이트가 곧 그의 날개였다
어느 전설 속의 요정이 호반으로 날아 내려오듯
그가 은반으로 미끄러져 들어올 때
당찬 그의 눈빛은 오랜 신비를 머금고 있었다
그것은 전설이 펼쳐지기 전의 표정이었다

그는 '죽음의 무도' 나 '세헤라자데' 같은 리듬에 맞추어
서서히 빙상을 활주하며 곡선도를 그려나갔다
곡선과 리듬의 절묘한 경계를 유연하게 오르내리며
마치 전설 속의 요정이 신비로운 꿈속을 나는 듯했다

그가 두 다리를 교호하며 날개를 좌우로 기울이다가
순간, 날개를 접어 온몸을 공중으로 올려 회전할 때
그것은 '트리플 플립과 토' 의 콤비네이션을
가장 완벽하게 마무리하기 위한 부드러운 점프였고
어느새 환상적인 '스핀' 동작까지 이어져 나왔을 때는
모든 관객의 시선과 감동은 이내 죽음처럼 고요했다

요정의 전설은 은반 위를 흐르는 부드러운 고요였다
그가 리듬을 안고 조화롭게 날아오를 때마다
관객들의 박수갈채는 은반 위로 쏟아지는 꽃잎이 되어
기쁨 머금은 그의 환상적인 춤사위를 따라 흩어졌다

우연 백두대간이 한반도 전체를 꿈틀거리게 하여
삼면 바다에서 출렁이는 파도를 대양으로 밀쳐 낸 듯이
그가 '전진내외곡과 후진내외곡 커브'를 명상적으로 활주하며
부드러운 선율에 따라 춤의 날개를 고요히 접었을 때
이미 세계는 한반도가 낳은 감동의 파도를 만나 출렁거렸다
그것은 그의 전설이 전설로 이어지고 있는 풍경이었다

* '죽음의 무도'와 '세헤라자데'는 그가 경기에 쓴 곡명. '트리플 플립과 토'는 왼쪽 발이 안쪽으로 들어간 상태에서 오른쪽으로 도는 것과 스케이트를 앞쪽 끝으로 해서 뛰는 점프이고, '스핀'은 온몸을 축으로 해서 회전하는 것이며, '전진내외곡과 후진내외곡 커브'는 피겨스케이팅의 기본이 되는 네 개의 커브를 필자가 두 마디로 묶은 것.

아름다운 영혼의 영상

– 김영갑 사진작가

그는 바람의 나라에서 살고 있었다
바람을 타고 그의 목소리가 어렵게 몸 밖으로 나왔다
노을 속에서 그의 생명의 불꽃이 바람에 일렁거렸다

그의 영혼은 사 년 전에 태풍처럼 온 루게릭 병에 갇혀
더 이상 카메라 셔터를 누를 수도 없다
고통이 죄어들어 반쪽이 된 그의 몸에서는
제주의 하늘과 바다와 수림을 흐르는 바람 소리가 들려 왔다
삼 년 시한의 죽음의 고비를 넘긴 극기의 숨소리가 들려 왔다

외롭고 쓸쓸한 세월을 다독이며
이십 년이 넘도록 찍어 온, 그의 사진에 담긴 제주의 풍광마다
그의 영혼의 숨결이 빛을 머금고 있었다
폐교된 삼달초교에다 꾸민 그의 '두모악' 갤러리에는
바람이 그의 안타까운 숨결을 벗 삼아 주고 있었다

몸이 굳어질수록 더욱 또렷해지는 그의 정신은

사진 속의 회상을 초연히 흐르고 있었고
지나온 삶이 한 장 한 장 인화되어 있는 그의 작품들은
그가 사랑했던 황홀한 그 순간들을
애정의 동반자처럼 그에게 다시 보여주고 있었다

그의 맑은 마음의 렌즈에서 열린 고요 속의 평화가
오히려 초원의 언덕처럼 부드럽게 밀려오던 그날 오후에
하늘에 닿은 그의 아름다운 영혼의 영상들이
울컥, 내 심금에 고여 있는 생의 그리움을 흔들고 있었다

* '두모악'은 한라산의 옛 이름.

정신의 깊은 물살

– 여초(如初) 김응현 서예가

일획(一劃) 일각(一刻)이 유장(悠長)하다
그의 서예와 전각의 흐름이
동방의 맥을 품고 창천의 푸른 기운을 몰아왔다

형 일중(一中)과 함께 서예계의 양대 산맥을 이룬
당대 최고의 대가답게
그의 작품은 하나같이 절대 경지의 격조를 지녔다

그가, 흔히 섣부른 창작으로 흐트러지기 쉬운 서법을 경계하여
"작가의 작풍과 태도는 어떤 작품이든 같아야 한다"고 강조했듯이
그는 자신의 정신세계를 하나로 관통해온 열정의 깊이에서
예(藝)와 도(道)의 자유로운 품격을 서체에 담아냈다

그가 쓴 동락(同樂)을 유심히 바라보면
어른 아이 할 것 없이 모두가 한마음이 되어
순수, 자유, 기쁨이 저절로 배어드는 희열을 느끼게 되고
그의 전각 남산려(南山廬)를 가만히 응시하면

강호의 호걸들이 배를 타고 대하(大河)로 나가는 것 같았다

흰 수염에 긴 백발을 뒤로 묶고 죽장을 짚은 그의 모습에선
한 세월을 일필휘지로 질러온 도인의 기세가 밀려왔고
한복 차림에 유건(儒巾)을 쓴 초연한 인상은
돈후(敦厚)한 성품과 예리한 눈빛이 어우러진 풍모였다

그의 생애는 붓끝으로 흘러온 장강(長江)이었다
거침없는 풍류의 고요 속에서
마음과 손이 자유자재로 흘러온 정신의 깊은 물살이었다

* '작가의 작품…'은 그의 어록.
* 동방연서회 이사장 역임.

문　신 조각가
박승일 농구 코치
박지성 축구 선수
박찬일 시인
박찬호 야구 선수
박홍순 화백
박희진 시인
반기문 유엔 사무총장
백남봉 코미디언
백남준 비디오 아티스트
우성 변시지 화백
서태지 가수
선우경식 요셉의원 원장
성찬경 시인
강암 송성용 서예가
신수정 피아니스트
신현락 시인
안숙선 명창
안승완 화백

제2부 : 마음에서 비쳐 나오는 밝은 표정

한 가지 분명한 것은, 나의 인물시는 어디까지나 초상화가 아니라 사유의 구도를 지닌 영혼의 풍경화라고 할 수 있다. 초상화는 말 그대로 얼굴을 중심으로 그린 것이다. 그러나 인물시는 형태를 지나 영혼의 의지적 풍경을 꿰뚫어보지 않고는 그려질 수 없는 까닭에 이미 사유의 구도를 지니고 있는 것이다. 시인들이 사물을 보며 쓴 시를 사물화라고 단정 지을 수 없는 것처럼.

– 시작(詩作) 메모 중에서

거장의 눈물
– 문 신 조각가

고난의 눈물 없이 감동을 줄 수 있는 것은 없다
그의 작품에는 그의 눈물이 들어 있었다
그가 흘려 넣은 눈물이 존재의 빛을 발하고 있었다

그 자신이 노예처럼 일해 왔다고 말했듯이
아픔을 얼마나 견뎠으면 저리 고요한 침묵이 되었을까
가시밭 같은 조형의 길을 힘겹게 걸으며
얼마나 울었으면 이토록 부드러운 경지가 되었을까

그는 인류 조각사에 불멸의 획을 그었다
그가 균제미의 절묘한 공간 조화를 드러내 보이자
혼신을 다해 이룬 그의 필생의 업적들이
존재 스스로 좌우대칭의 중심을 잡고 서 있다
고난의 눈물로 빚어 낸 그의 분신들이
그가 함께 불어넣었던 절정의 기쁨을 안고 있다

신비롭게 생동하는 그의 작품들을 대하는 순간

그의 생애가 남해의 풍랑처럼 밀려든다
보라, 거장의 작품에 들어 있는 거장의 눈물을!
천재의 영혼이 흘려 넣은 천재의 눈물을!

그가 불러일으킨 감동에 사로잡힐 때마다
그의 손끝에서 나온 생명의 표정들이 신비로워
하나하나 만져보고 싶은 순수의 유혹이 워낙 신비로워
차라리 그 부드러운 날에 베이고 싶다

지금, 살아 있는 그의 작품들이 나를 잡아당기고 있다
그의 전설의 숲에 있는 눈물의 심연 속에서
영혼의 빛을 머금고 그에게서 태어난 심장의 박동이
지금, 당신의 들숨날숨에 붙어 오르내리고 있다

* 대한민국 미술대전 심사위원, 서울올림픽 세계미술제 운영위원 역임.

희망 메시지, "나는 산다!"

– 박승일 농구 코치

역대 최연소, 최장신 농구 코치를 쓰러뜨린 건
몸이 정신을 가둔 병인가! 아니면 정신이 몸을 가둔 병인가!
2미터 2센티미터의 거인을 눕게 한 루게릭 병의 정체는
끝내 일체의 마비와 침묵이었다
그가 움직일 수 있는 건 오직 눈동자뿐이었다

실수를 용납하지 않는, 열띤 사회의 축소판 같은
농구 경기의 전략을 펼칠 수 있는 코치의 꿈이 이루어지자마자
그는 청천 날벼락 같은 루게릭 병을 만났다
결국 쉼 없이 빠르게 움직여야만 하는 농구장을 떠나
긴 침묵 속에서 끈질기게 버텨야만 하는 병마를 만나고 말았다

그는 온몸이 굳어지는 고통 앞에서 몸부림쳤다
마치 드넓은 초원을 달리다가 그물에 걸려든 야생동물처럼
자신의 운명 앞에서 처절하게 울부짖었다
아, 거구의 정신을 가둔 절망의 이름, 루게릭 병은
죽음이 삶을 엿보다가 그대로 함께 멈춰버린 그림자 같았다

그러나 그가 위대한 건 바로 병마와의 싸움을 이겨낸 것이었다
그의 절망은 곧 그가 희망을 던져 넣어야만 하는 골대였다
서서히 굳어진 자신의 몸 밖으로
그의 맑은 영혼이 끊임없이 뛰어 나와야만 하는 코트였다

지금 그는, 영원의 표정을 머금은 고요 속에서
안구 마우스로 써낸 한마디의 외침을 세상에 들려주고 있다
그것은 가장 절실하게 "나는 산다!" 라고 외친 한마디였다
그는 날마다 이 희망을 자신의 골대에 던져 넣었다
그가 눈으로 쓴, 이 절박하고도 절대적인 희망의 언어는 이제
세상 사람들도 그와 함께 외쳐야만 하는 희망의 메시지였다

* "나는 산다!"는 그의 『희망일기』에서 온 것.
* 전 현대모비스 오토몬스 코치. 루게릭 병 홍보대사.

공처럼 둥근 지존

– 박지성 축구 선수

공은 둥글다. 축구장이라는 사각의 정글에서
발에서 발로 수없이 튕겨 다니다가
가끔씩 제 고향인 듯 골문을 열고 들어갔다

지성이면 감천이었고, 감천이면 지성이었다
공이 골대 안으로 빨려 들어가듯이
자신에게 주어진 영예를 국민에게 보답하는
그의 착한 마음 또한 선덕(善德)의 품에 안겼다

그의 동작을 클로즈업시킨 애니메이션에서
이제 막 공을 내찬 모습과 공이 골대의 망을 흔드는
절묘한 두 컷이 부각된 상징처럼
그의 표정은 늘 성실한 집중과 착한 심성을 지녔고
그래서 더욱 그의 골인은 한반도의 햇살 같았다

지성이면 지존이었고, 지존이면 지성이었다
그는 골인할 때마다 폭발하는 함성을 들으며

자신의 삶을 어떻게 슈팅해야 하는지를 생각하며
존재가 드러내야 할 가장 뛰어난 방향을 예감했으리라

세계적인 선수로서 유럽의 명장들과 어깨를 겨루며
자신과의 싸움에서도 패할 줄 모르는 그의 용기 또한
지성이 감천 되고, 지성이 지존 되는 기세였기에

그의 삶은 앞으로도 그 자신을 기쁘게 하리라
타고난 기량의 열정으로 미래의 골문을 주시하면서
끊임없이 닦아온 도량을 펼쳐나갈 때
그의 역사 또한 공처럼 둥근 지존을 지켜 가리라

* 국가대표 선수. 맨체스터 유나이티드 소속.

나비 공간

– 박찬일 시인

그를 생각하다 눈을 감으면
책이 성곽처럼 쌓여 있는 그의 서재에서
제비나비 한 마리 날아오른다
책의 벽 사이로 '팔랑 팔랑 팔랑' 날아다닌다

나비가 날아다니는 대로 시선을 옮기면
책의 제목들이 날개를 따라 출렁이고
'나비를 보는 고통' 에 이르러 눈을 뜨면
그의 목소리의 여운이 내 귓전에 들려 온다

때때로 그가 '푸른 트럭' 을 타고 나타날 때는
삶을 대하는 애린(愛憐)의 향기가 배어 나왔고
치아가 고른 밝은 미소와 함께
그는 어깨가 넓은 나그네의 숨결로 다가왔다

그가 또 트럭을 타고 떠날 때까지
마음이 가난한 분위기가 늘 푸르른 걸로 보아

'몸과 마음이 많이 아팠던 겨울' 을 지나
봄에서 여름으로 이어질 그의 기쁜 날들을 향해
나비는 어느새 고통을 벗은 날개로 날고 있다

고통이 지워진 선율을 따라
그의 꿈의, 시의 공간을 향해 날아오르고 있다
팔랑 팔랑 팔랑 팔랑 팔랑……
그의 봄으로 가볍게 날아오르고 있다

* '팔랑 팔랑 팔랑', '나비를 보는 고통', '푸른 트럭' 은 그의 두 권의 시집 제목과 시에서 따온 것이고, '몸과 마음이…' 는 그가 내게 보내준 엽서에서 따온 것.
* 추계예술대학교 교수.

코리언 특급 61번

– 박찬호 야구 선수

그의 손에서
시속 155킬로미터의 강속구가 튕겨나갔다
그는 끝내 타자를 진루할 수 없게 만들어
소속팀을 승리로 이끌었듯이
자신의 운명을 물러설 수 없게 만들어
메이저 리그 통산 100승의 위업을 뛰어넘었다

그가 투구하기 위해 왼발을 올려 당기면서
타석을 주시하는 날카로운 눈빛은
마치 호랑이가 먹이를 향해 진격할 때와 같았다
온몸에 탄력을 집중하여 기선을 제압하는 순간
그의 빠른 공이 빛살에 안겨 있어
상대는 그의 볼 컨트롤을 놓치고 말았다

그가 달고 있는 번호 61은
타자가 제 방망이를 거꾸로 세워 둔 이미지였다
그의 투구 앞에 꼼짝 못하는 타자들이

그가 공을 던질 때의 탈춤 같은 멋진 모션에 홀려
야구로부터 한가히 떠나 있는 것 같았다

IMF 때, 그가 볼을 날릴 때의 표정은
조국과 자신의 고난도 함께 던져버리려는 듯이
있는 힘을 다해 악다문 투사였지만
때로 장발에 구레나룻이 덮인 일상의 모습은
인자한 가장이 지닌 훈훈한 풍모의 매력이었다

그가 소장출혈에도 재기를 거듭하였듯이
코리언 특급의 영웅이 된 그의 전설은
이제 야구사에 있어 오래오래 회자되리라

* '코리언 특급'은 그에게 붙여진 애칭.
* 미국 프로야구 선수.

외유내유(外柔內柔)의 한 중심에서
– 박홍순 화백

아린 세월의 바람에 스친 얼굴이다
한 사흘 면도하지 않은 그의 웃음 속에는
가만가만 걸어온 충청도 양반의 여유가 머물고
작은 체구에다 겉으로 보기엔 조용하지만
그가 담은 시대의 화폭을 보면
링 위에서 '권투' 장갑을 끼고 난타해도 쓰러지지 않는
예술가의 자유로운 민주 방식이 꼿꼿했다

펀치는 항상 레프트와 라이트를 구사하면서
왼쪽 세상과 오른쪽 세상이 맞닿은
절묘한 훅이었지만, 그의 몸은 어느새
로프를 이용한 외유내유의 한 중심에서 가볍게 스텝했다

그의 작품 '눈부신 아침' 은 링이 없는 황토 위에서
젖소가 김을 뿜으며 빛살을 튕기듯 오줌을 쏟아 냈고
그것을 바라보듯, 그의 '가족' 들이 웃음 지은 화폭을 보면
겨울 속의 따뜻한 행복이 털모자 속에 머물고 있었다

그의 화실에서
막걸리를 마시며 바라보았던 세월이 한참 흐른 뒤
그는 한 세상의 링 위에 권투 장갑도 벗어 두고
물감도 붓도 화실도 조용히 접어 두고
다달이 중국과 한국을 날아 다녔으니
어떤 때는 공중으로 떠 오른 그의 명상 한 폭이
조용히 내게로 착륙한다

* '권투', '눈부신 아침', '가족'은 그의 그림 제목들이고, 그는 한때 권투 경기의 표현을 통해 시대의 어둠을 풍자한 바 있음.
* 도봉미술인협회, 한국민족미술인협회 회장.

장송(長松)의 푸른빛이 깨달음인 줄
– 박희진 시인

청명(淸明)이면 머릿결이 금빛이었다
시성 타고르의 머릿결을 흐르던 빛이
고요를 꿰뚫고 그의 눈썹을 스치면
초봄부터 그의 푸른 시가 소나무 가지를 흔든다

소나무 없으면 산도 산이 아니리
적송 거목이 달빛에 잠잠히 기지개 켜듯
그의 거친 산야를 달려온 한 줄 한 줄의 시는
칡뿌리로 쓴 서체였고
그의 목소리는 고향 뒷동산에서 등을 기대 보았던
그 굵은 소나무 등걸이었다

옹이의 파문에서 '내세의 소식' 도 비칠 때
혹 누가 그 등걸에 귀 기울여 본다면
솔의 뿌리로부터 밀려오는 깊은 명상에 취해
한순간 번뇌를 잊게 되리라
또한 눈을 감고 그의 시집 아무 쪽이라도 펼쳐서

시혼의 명구에 닿는다면 잠시 해탈도 맛보리라

호일당(好日堂) 풍류도(風流道)가
북한산 청봉(青峰)으로 솟구치는 오월
장송의 푸른빛이 깨달음인 줄을
백발은 또 푸른 솔잎인 줄을 알고 보면
그의 시는 관세음상의 운향(韻響)을 비추던
송광(松光)에 닿았다. 춘분(春分) 지나
시 읽는 그의 푸른 목청이 산자락을 울리고
내 등은 어느새 소나무처럼 휜다

* 호일당(好日堂)'은 그의 당호(堂號). '관세음상'은 그의 시 제목 '관세음상에게'에서, '내세의 소식'은 타고르의 「원정(園丁) 2」에서 온 것이며, 그는 '타고르'의 시집 「기탄잘리」를 번역한 바 있음.
* 현 예술원 회원.

성실과 겸덕의 고매한 인품

– 반기문 유엔 사무총장

그에게 성실은 곧 그의 삶의 척도였다
매사 최선을 다하는 열정 또한 그의 철학이요,
주어진 생애의 고난과 좌절을 뛰어넘는 지혜였다
그의 겸손 안에 배려심과 소박함이 짝을 이루고 있듯이
치밀한 업무 능력도 성실의 깊은 샘에서 흘러나왔다

그는 이 땅의 부지런한 민족의 품에서 태어났고
태백산맥에서 발원한 남한강의 맑은 젖줄에 안겨 성장했다
그가 한반도의 빼어난 강산의 정기를 지니고
세계 192개 회원국을 가진 유엔의 수장에 오르니
'반' 석의 '기' 운이 '문' 물을 초월한 담연(潭淵)의 풍경 속에서
인종과 문화를 넘어선 범정신적인 위상이 고요했다

한 국가에서 천 년에 한 번 나올까 말까한 자리에서
그는 대한민국의 자연을 호흡하며 지녀온 기상을 전개했다
환경 파괴로부터 지구촌을 되살리는 일에 매진하면서
온 세상이 푸른 자연과 맑은 영혼의 순수성을 회복하도록

자신에게 주어진 사명을 실현하는 일에 주력했으니
일찍이 세계를 내다보는 그의 안목을 신이 점지했으리라

속세의 교황이라고 하는 유엔의 수장이 되기까지
다변화의 그늘에서 신음하는 인간 존엄의 현황을 보더라도
지구 회생에 대한 그의 의지와 열정을 선택했으리라

이미 그를 통해 세계인들은 한국인의 기품을 보고 있다
성실과 겸덕의 고매한 인품을 지닌 그를 보며,
지상의 푸른 희망이 그에게서 드러나는 신의 섭리를 보며
유엔 정신이 추구하는 미래의 비전을 느끼고 있다

* '반', '기', '문'은 그의 이름을 차용한 것.

성대모사의 대가

– 백남봉 코미디언

그의 무대는 곧 흥겨움의 도가니였다
관객들이 그의 재치에 겨워 웃음을 터뜨릴 때마다
그도 함께 얼굴을 뒤로 제치면서 파안대소하는 그 순간
만개한 꽃처럼 피어난 그의 입매가 살짝 덮이기 전에 드러나는
그의 입 안이 늘 신비로웠다

쉼 없이 웃음을 쏟아지게 만드는 그의 입 안에는
구수한 팔도 사투리가 들어 있고,
영화 석양의 무법자의 휘파람 소리와 총소리와 말달리는 소리
기발한 동물들의 울음소리와 뱃고동 소리가 들어 있어
그를 만나 웃지 않을 사람은 없다

하지만 그의 재능은 그의 고난 속에서 자라난 것이었다
그가 관객들에게 웃음의 기쁨을 전해주기까지
그는 한때 전쟁과 피란을 경험하며 고아원에서 자라다가
구두닦이와 장돌뱅이로 전국을 떠돌아다녀야 했다

그래서 더욱 고통 속에서 피워낸 그의 웃음꽃은 일품이었다
그는 1967년에 물랑루즈쇼단에서 희극 활동을 시작하여
1969년에 동양방송 라디오 장기자랑을 통해 데뷔한 이후
폐암으로 투병하다 끝내 한 생애를 마칠 때까지
자신을 온전히 희극의 제단 앞에 불사른 성대모사의 대가였다

특히 남보원과 함께한 투맨쇼로 당대 최고의 인기를 누리며
혼신의 열정을 다해 관객들의 배꼽을 챙겨주던 그는
불과 며칠 전에 고인이 되었다, 그의 죽음은
그를 사랑했던 수많은 서민들에게 슬픔이 되었지만
한 시대를 풍미한 그의 독창적인 재치는 깊이 기억되리라

* 본명 박두식 (1939~2010.7.29).

거장의 부활

– 백남준 비디오 아티스트

어느새 그가
다, 살고, 떠났다. 그는
자신의 작품인 무수한 브라운관 속으로
슬쩍 들어가 버렸다
전자 문명을 예술의 재료로 삼았던
그의 영혼이 수많은 화면 안으로 숨어 버렸다

그의 숨결이 움직이는 화면들!

초록 물고기가 헤엄쳐 나오고 있다
다시 살아 나오고 있다. 그가 휠체어를 타고
티브이 모니터로 쌓은 탑을 오르내리고 있다
침묵을 전위의 동작으로 바꿔버린 그가
아직도 격동적인 색채의 회로를 조절하고 있다

세상의 권태 속에서, 그의
천재적인 착상들이 빠르게 꿈틀거리고 있다

따분한 시대의 졸음을 깨우며
그의 귀에서 경쾌한 음악이 흘러나오고 있다

브라운관을 건너뛰는 화면의 미로 속에서
예술의 고정 관념을 걷어 내는 그의 광기가
색과 선의 경계를 주무르고 있다

살아, 나온 것이다. 그가 어느새, 살아
나오고 있다. 그의 존재가, 아니 내가
화면에서 살아서 움직이고 있다

* 백남준(1932.7.20~2006.1.30).

제주가 낳은 불굴의 화풍

– 우성(宇城) 변시지 화백

그의 열정이 넘치는 황금빛 도상에서
섬을 삼킬 듯 휘몰아치는 파도의 소용돌이는
마치 거대한 산불의 화염에 휩싸인 불꽃 같았다
그의 붓끝이 거친 바람의 격동을 따라
황갈색 주조로 출렁거릴 때마다
빛은 폭풍에 찢겨진 어둠의 속살을 파고들었다

순간, 그의 삶의 의지가 역풍을 일으키며
불길한 예감의 근원적인 상황을 간결한 선으로 통제하자
그 자신과 끊임없이 마주했던 화폭에서
초막, 사내, 조랑말, 까마귀, 소나무, 쪽배로 표현된
존재의 위험은 마침내 한 편의 시처럼 절제되었다

그의 화풍은 유화로 그린 묵화의 선묘를 지녔다
누구든 그가 그린 폭풍 앞에 서면
위태로운 정경 속에서 존재의 애련을 느끼리라

그에게 제주의 아름다움은
그의 심혼을 쓸쓸하게 조율해주는 광풍(光風)이었다
여섯 살에 떠난 제주를 불혹에 다시 찾은 이후
제주의 바람 속에서 태어난 자신의 숨결을 되찾은 그는
드디어 풍랑의 필치로 제주의 혼을 담아
제주가 낳은 불굴의 작풍으로 전 세계를 놀라게 했다

그의 화업은 그를 세계 100인 화가의 반열에 올렸다
누구든 그의 그림을 대하는 순간
제주만의 풍광이 끌어당기는 시각의 기류에 이끌리다가
예리하고도 간결한 고독의 희열 속에서
비수처럼 파고드는 시적 고졸(古拙)을 맛보게 되리라
그가 전해주는 깊고도 단순한 경지에 놀라면서.

* 야후에서 '세계 100대 화가'로 지목. 일본 「광풍회」 심사위원 역임.

동안(童顔)의 체 게바라

– 서태지 가수

그는 일찍이 소리의 정글에서 살았다
온몸이 귀로 열리는 고지대의 벙커(작업실)에서
소리가 전해주는 새로운 세상을 꿈꾸며
모든 음악적 성량을 기울여 혁명을 일으켰다

그는 다양한 장르의 벽을 허물어 버렸다
자신이 익힌 무기(악기)의 전술을 총동원하여
혁명가답게 복합 전술을 펼쳐 나갔다

그는 파괴력이 높은 첨단 전자 음향장비를 갖추고
기억에서 지워지지 않는 전설의 투사처럼
디지털 문화의 도심을 향해 빠르게 진격했다
레이저의 섬광을 당기며 전진하는 그의 모습은
타성에 젖은 본능에 저항하는 '체 게바라' 같았다

그는 미지의 터전에다 열정의 배수진을 치고
음정의 그물을 끌어당기듯 상상력을 잡아당기면서

참모들과 어울려 음계의 전술을 새롭게 모색했다

그가 혁명군을 이끌고 입성하는 광장(무대)마다
몰려든 수많은 팬들이 앞을 다투어 열광했다
자신이 만든 그로테스크한 뮤직비디오의 영상처럼
변화무쌍한 스타일로 나타난 그는 늘 동안이었다

어느 날, 그는 자신의 점령지에서 돌연 퇴각했다
은퇴 성명을 남기고 다시 먼 정글로 돌아갔다
혁명이란 끊임없이 환골탈태하는 정신 리듬이었기에
스스로의 소용돌이를 거두어 긴 장고에 들어갔다
그는, 팬들의 기억에서 지워지지 않는 체 게바라였다

* '체 게바라'는 아르헨티나 출신의 시인이자 영웅적인 혁명가.

요셉이란 이름의 그리스도

– 선우경식 요셉의원 원장

주님, 세상으로부터 외면당한 병자들이
그가 누구인지를 알고, 그에게 찾아왔습니다
그는 병들고, 고통받고, 가난하고, 버림받은 이들에게
사랑과 치유와 희망을 베풀어 주었습니다
당신이 무엇보다 인간들에게 치유의 기적을 베푸셨듯이
그의 의술은 당신이 일으켰던 바로 그 기적과 같았습니다
당신이 손수 제자들에게 하느님의 모습을 보여 주었듯이
그 또한 당신의 모습을 사람들에게 보여 주었습니다
당신이 '의인이 아니라 죄인을 부르러 온 것' 처럼
'건강한 자가 아니라 병든 이들에게 필요한 의사' 였던 것처럼
그 또한 죄인 된 이들의 벗이었고
병원조차 갈 수 없는 빈민들의 의사였습니다
당신이 가난한 이들을 아껴 복음을 들려 주었듯이
그 또한 '가난한 환자들을 자신의 선물' 로 여겼습니다
'의사에게 아무것도 해줄 수 없는 환자야말로
진정 의사가 필요한 환자' 라는 복음을 들려 주었습니다
그는 당신처럼 자신의 모든 것을 거저 주었습니다

당신이 하느님의 사랑을 끝까지 드러내셨던 것처럼
그 역시 당신을 따라 끝까지 인술을 실천하였습니다
21년 동안 42만여 명의 환자가 그를 찾아왔습니다
그는 자신의 위암마저 물리칠 틈조차 없었습니다
주님, 끝내 그는 당신처럼 홀몸으로 세상을 떠나갔습니다
당신이 제자들에게 사명을 맡기고 승천하셨던 것처럼
그도 봉사적 사명을 동료 의사들에게 맡기고
마침내 당신이 마련한 영원한 천상의 터전에 올랐습니다
당신처럼 세상으로 왔다가, 당신처럼 하늘로 갔습니다
그는 죽기까지, 병들고, 가난하고, 버림받은 영혼들에게
요셉이라는 이름의 그리스도를 보여주고 떠났습니다

* '요셉'은 그의 세례명이자 그가 빈민들을 무료로 치료했던 병원 이름. '의인이 아니라 죄인을…', '건강한 자가 아니라…'는 신약성경에서 온 것이며, '가난한 환자…', '의사에게 아무것도…'는 그의 어록.

선미(善美)한 영혼에게 돌아간 보석

– 성찬경 시인

신(神)의 손끝에서 반짝이는 영혼의 보석이 있었네
목숨 안으로 '밀핵(密核)' 이 파동하는 시의 집이 있었네
그 집, 그의 마음에 들어가 촛불 켜고 앉으면
동서로 어우러진 훈도(薰陶)를 접하리라

나직한 산자락의 눈 덮인 저녁 풍경 속에서
그의 시의 빛을 받으며
'이를 들어 말함이 얼마나 대견한고!'

시집의 종이 위에 하얗게 쌓인 눈, 그 평원으로
맑은 옷자락 스치는 그의 시는
하나하나 '영혼의 구조의 드러냄' 이었고
그 넓이와 깊이는 폐부의 숨결을 흔들어 깨웠네

그의 연금술은 '돌' 을 '보석' 으로 변화시켰네
딱딱한 쇠붙이도 부드러운 오브제였네
그의 집 마당에 있는 '물질고아원' 도 정겹게 눈에 덮이고

나사로 조여들었다 풀려 나온 세상의 어둠을 가르며
영혼의 보석들이 선미(善美)한 빛을 켜고 있었네

그의 단음절의 날카로움이 사유의 어둠을 거둘 때
존재의 진실, 그 깨끗한 빛 안에서
'나의 보아 온 이 모든 것이 당신의 힘과
당신의 사랑에서 비롯된' 뜻임을 짚어가다 보면

누구라도, 선미한 영혼에게 돌아간 보석
신이 감추어 둔 기쁨의 비밀을 그에게서 보게 되리라

* '밀핵(密核)', '영혼의 구조…'는 그의 시론에서, '이를 들어 말함이…', '나의 보아 온 이 모든 것…'은 단테의 『신곡(神曲)』 지옥편 1곡과 천국편 31곡에서, '돌', '보석'은 그의 시 '보석밭'에서 온 것이고, '물질고아원'은 그의 집 마당의 물질 전시장임.

* 한국시인협회 회장 역임. 현 예술원 회원.

운해 위로 솟은 봉우리

– 강암(剛菴) 송성용 서예가

그의 풍죽(風竹)에서 대 바람 소리 들려온다
거침없는 그 절기(節氣)에 가슴이 씻긴다

그의 붓끝이 일으킨 대 바람을 따라 전주성에 입성하려면
먼저 그가 쓴 호남제일문(湖南第一門) 현판 아래를 지나야 하는데
누가 그의 웅혼한 서체를 쉽게 안을 수 있으랴
더구나 맑은 가을 날, 문의 용마루 배경이 먼 흰 구름이면
누가 그의 고강한 글씨 앞에서 옷깃을 여미지 않을 수 있으랴

선친의 민족정신을 따라 일제에 항거, 평생 보발과 한복을 지킨
그의 강암체(剛菴體)를 바라보면 이내 힘이 솟고
그의 대 그림을 대하면 마음 절로 청량했다

스스로 서도(書道)의 길을 심정필정(心正筆正)이라 했듯이
그의 예술혼은 위안을 지녔다. 어지러운 세상을 맑게 씻어주듯
그가 쓴 글씨에선 정결함이 묻어났고
한 생애 지조 어린 그의 삶에서는 충심의 물결이 일었다

일찍이 그는 어떤 파벌과도 연줄이 닿지 않은 독창성을 지녔다
그가 "항상 정심(正心)으로 정도(正道)를 파고들어 가면서
많이 쓰는 것이 서도(書道)의 지름길"이라고 말했듯이
그가 어릴 적부터 갈고 닦은 기량은 어디에도 치우침이 없었으니
서단의 명봉으로 우뚝 솟은 기개 또한 고매했다

'고법에 충실하면서도 현대적 조형미를 갖춘 강암체(剛菴體)' 에서
동방에 떨친 그의 정신의 곧은 숨소리 들려올 때
독창적인 그의 필력이야말로 운해 위로 솟은 봉우리였다

* '항상 정심으로…' 는 그의 어록에서, '고법에 충실…' 은 〈강암서예관〉에서 따온 것.

건반 위의 사랑의 마술사

– 신수정 피아니스트

그는 건반 위의 사랑의 마술사였다. 그의 손끝에서
슈만의 '시인의 사랑' 이 들려온다
그의 음색의 정감에서 삶의 기쁨과 슬픔이 함께 빛난다
그의 심원한 리듬을 따라 봄이 열리고 빛이 열린다

'아름다운 5월에 꽃봉오리들이 모두 피어날 때,
아름다운 5월에 새들이 모두 노래할 때'
그가 들려주는 선율을 따라 봄의 화신들이 불려나온다

하늘에서 내려온 천사가 사랑의 운율을 들려 주었네
지상의 영혼들에게 따뜻한 시적 감흥을 일으키며
은총 가득한 사랑 이야기를 가만가만 속삭여 주었네

그가 태어나지 않았다면 지상은 얼마나 삭막했을까
고난을 넘어선 그의 깊은 선율이 들려오지 않았다면
우리의 심혼은 그만큼 어둠에서 벗어나지 못했으리
'그의 감미로운 피아노 소리에 안겨

이 세상 아닌 놀라운 환희를 깨닫지도 못했으리'

변화무쌍하게 펼쳐지는 그의 격조 높은 터치는
심상 깊은 곳까지 신비롭게 밀려드는 별들의 연주 같았고
완벽하고 능숙한 솜씨로 청중을 매혹시킨 그의 테크닉은
말로 표현할 길 없는 절묘한 주법(奏法)의 극치였다

세상에서 사랑보다 아름다운 것이 없는 것처럼
그는 뛰어난 음악 정신 못지않게 훌륭한 겸덕을 지녔다
마음에서 비쳐 나오는 밝은 표정과 함께
그가 지닌 삶의 품격 또한 티 없이 맑은 물방울 같았으니
누구든 그의 선율의 꽃을 안고 기뻐하게 되리라

* '아름다운 5월…'은 슈만의 「시인의 사랑」 제1곡에서 따온 것이고,
'그의 감미로운…'은 제4곡의 변용.
* 서울대학교 음대 학장.

사슴의 눈동자 같은 시심

– 신현락 시인

무엇이 그를 슬프게 했는지는 모르겠지만
그를 읽으면 어디선가 슬픔이라는 이름의 노래가 들려왔다
아직 젊은 나이에 백발이 성성한 걸로 보아
삶의 고뇌가 그의 여정을 한바탕 휘몰아쳤을 법도 했지만
내 예감으로는 그 슬픔이라는 흐름이, 그에게
어떤 아픔의 기억들을 자꾸 데려다 준 것은 아닌가 싶다
그의 인상은 슬픔과 그리움이 백발을 이고 있었지만
문제는 백발이었다. 아무리 짙은 슬픔과 그리움일지라도
백발의 연륜이고 보면, 그것은 삶의 깊이를 더해주기 때문이다
그가 삶의 애환과 슬픔을 시의 풍경으로 그려내자
시는 어느새 공감의 파장을 느끼게 해 주는 힘이 되어
그가 '앞으로는 슬픔과 그리움의 옆쪽에 내 시를 놓으려 한다' 해도
그를 앞뒤로 에워싼 시의 풍경은 이미 독자의 몫이 되었으니
그의 삶과 시인다운 정감은 시를 쓰는 족족 그리움의 풍경일 것이다
사슴의 눈동자 같은 그의 시심이 사람들에게 풍경이 되었을 때
그는 '사라지는 것들이 아름답다', '지나가 버린 것은 아름다웠다' 고
마무리 할는지 모르겠지만, 그의 풍경이 아름다움에 이르렀을 때는

그 자신도 슬픔과 그리움이 곧 인간의 경전이었음을 알리라
이미 그가 '아내의 몸이 달의 경전' 이라고 말했듯이
세상의 삶의 바닥에는 슬픔과 그리움의 경전이 펼쳐져 있어서
더구나 '그리운 것들은 그리운 때를 알고' 있는 까닭에
그의 시의 풍경이 얼마나 아름다운지는 독자들이 먼저 느끼리라
나는 이미 '소금을 보면 내 눈에 별빛이 뜬다' 는 시행을 읽고
그의 그리움이 밤하늘의 심연을 당겨오고 있음에 놀랐으니
이젠 한편으로 그의 삶이, 그의 슬픔과 그리움이 소금을 만날 때
그의 눈에 뜬 별빛이 너무 짜지 않기를 바라는 마음이다

* '앞으로는 슬픔과 그리움의 옆쪽에…' 는 그의 시집 『풍경의 모서리, 혹은 그 옆』 서문에서, '사라지는 것들…', '지나가 버린 것은…', '아내의 몸이…', '그리운 것들은…', '소금을 보면…' 은 그의 시에서 온 것.

판소리계의 프리마돈나

– 안숙선 명창

득음의 경지에서 나온 그의 소리가
봄날 광한루의 매화꽃 맑은 향기를 몰아오면
하늘에도 귀가 있어, 높으신 귀명창이 있어
그 소리를 들으려고 아지랑이로 내려온다

치맛자락을 가볍게 부여잡고 합죽선을 펴면서
그의 존재가 온전히 소리가 되어 울려나올 때는
득음을 머금은 그의 얼굴도 꽃으로 피어났다

그의 고운 얼굴이 소리의 꽃으로 피어나는 순간에도
오히려 그 가락은 애절한 이별의 슬픔이기도 했으니
판소리 다섯 마당을 완창해온 그의 여정이야말로
세상사 희로애락을 소리로 다스려온 명인의 길이었다

오십 년 넘게 오로지 국악 인생을 살아오는 동안
얼마나 애끓는 세월이었으면 온몸이 소리가 되었을까
소리를 얼마나 사랑했으면 그 소리에서 꽃이 피었을까

그는 어떤 세파에도 휘지 않는 이목구비를 지녔다
밝은 심성에다 소리의 혼을 담아 놓은 걸로 보아
그가 온 세상에 우리의 소리를 들려주는 열정 또한
판소리계의 프리마돈나다운 젊음의 비결이었다

무대에 오르는 순간, 그는 좌중을 압도했다
어디서나 그의 소리와 관객은 북과 북채 같았고
소리의 미래를 향한 애정 또한 자식 사랑 같았으니
그야말로 소리꾼의 적통을 지닌 진정한 대모였다

* 한국예술종합학교 교수.

빛의 화법(畵法)과 화법(話法) 사이에서

– 안승완 화백

그는 빛을 쥐고 있었다
빛에 닿은 붓으로 물감을 찍어 올렸다
물감은 그의 그림 속의 물결에 닿았고
그의 그림은 하늘의 구름이 되었다

그는 빛을 머금은 하늘을 바라보며
구름을 떠내고, 산을 떠내고
호수의 수련과 일출과 일몰을 떠냈다
그는 빛이 닿은 정물을 떠내고
캐나다와 미국, 유럽과 몽골의 비경을 떠내고
빛을 출렁이는 한강과 여의도의 낙조를 떠냈다

그는 서서 그림을 그렸다. 캔버스 앞에서
민첩한 붓놀림은 그의 입담보다도 빨랐고
계절이 눈치 채기 전에 담아 낸 풍광들은
어느새 그의 화폭 속에서 세월의 올을 풀어내며
물과 빛과 생명의 충만을 호흡하고 있었다

삶의 여백을 푸는 재치도 그의 기질이었다
해돋이의 불꽃을 닮은 그의 열정은
가끔 여정의 고독을 흐를 때도 있었지만
건강미 넘치는 그의 빛의 화법(畵法)과 화법(話法) 사이에서
몇몇 지인들은 때때로
취중의 경험담으로 긴 웃음을 나누고 있었다

* 캐나다 정부 '20인 화가'에 선정. 토론토 아티스트 25 정회원.

앙드레 김 패션디자이너
오은선 산악인
오종명 건축가
이길원 시인
이무원 시인
이생진 시인
동고 이석수 서예가
이승하 시인
창원 이영복 화백
이영희 한복 디자이너
이원근 농부
이재술 와인 소믈리에
이창호 바둑 기사
이태석 의사 신부
이해인 시인
이희아 피아니스트
인순이 가수
임　보 시인
임권택 영화감독
장미란 역도 선수
정경화 바이올리니스트

제3부 : 그가 바라본 봉우리들

인물시를 써온 지도 어언 15년이 넘었다. 내 인물시는 관계의 아름다움과 존재의 소통에 기여하는 역할이기도 한 것이다. 시의 형식을 매개로 칭찬과 위로와 영예의 기쁨을 함께 돋우는 것인데, 이것은 곧 언어의 기능으로 존재가 지닌 빛깔과 향기를 담아내는 시 본연의 역할에 대한 순응인 것이다. 특히 인물시가 지니고 있는 감동의 희열과 기쁨의 파격 같은 형상화 작업은 사람의 입장을 이해하며 바라보는 부드러운 시각과 지각, 그 순응에서 출발하기 때문이다.

– 시작(詩作) 메모 중에서

백의(白衣)의 명장

– 앙드레 김 패션디자이너

그가 디자인한 아름다운 날개를 입혀주자
패션모델들이 무대 위를 날았다
무대에서 모델들은 곧 그가 거느린 휘하 장수들이다
그의 장수들이 당당하게 무대를 걸어 나올 때
사람들은 그 새로운 아름다움의 위력 앞에 숨을 죽였다

그는 백의(白衣)의 갑옷을 걸치고 흐름을 주시했다
의상으로 표현된 미(美)의 전선을 구축하며
자신의 디자인 철학이 사람들의 시각에 감동을 일으키는
세계 패션계의 흐름을 면밀하게 읽어 나갔다

그가 모델들에게 입힌 날개는 패션계의 척도였다
그것은 세계를 상대로 한 격전지에서의 신무기와 같았다
한국적인 아름다움으로 무장한 모델들이
세계 어느 곳에서든 감격적인 피날레를 거둘 때마다
그 선봉에는 바로 백의의 명장인 그가 있었다

그의 생애는 독신의 고독과 자선의 미학을 지녔다
엘레강스한 배경보다는 인간적인 연대감을 더 중시하며
수백 차례의 자선 패션쇼로 선행을 실천했기에
지인들은 그를 애국자요, 자선의 디자이너라고 칭송했다

이제, 그의 삶이 남긴 수많은 행적과 에피소드 역시
그가 지닌 성실한 심성과 대담한 스케일의 소산이었으니
척박한 시대에 초유의 남성 디자이너가 된 그를
백의의 명장이라 기려보는 이 순간에도
그를 사랑했던 사람들 또한 그의 삶을 각별히 추모하리라

* 본명 김봉남(1935.8.24~2010.8.12).

기적의 여신

– 오은선 산악인

날카로운 설산 고봉들이 화면 가득 밀려온다
히말라야 8천 미터급 13좌 정복 후, 그의
마지막 안나푸르나 등정을 TV에서 생중계할 때
눈 덮인 원경 속의 그는 한 점 개미 같았다

키 155센티미터에 몸무게 47킬로그램으로
14좌 완등을 눈앞에 두고 있는 그의 얼굴은
자신의 열정에 비해 믿기지 않을 정도로 여려 보였지만
그는 결국, 그토록 작은 체구로 안나푸르나를 정복하여
지구상에서 가장 높은 14좌 등정 최초의 여인이 되었다

그는 2년 연속 한 해 4개봉 무산소 등정 기록과 함께
에베레스트와 K2를 제외한 12좌를 무산소 등정했고
아시아 여성 최초로 에베레스트를 단독 등정하는가 하면
앞서 한국 여성 처음으로 7대륙 최고봉을 완등했다

그가 바라본 봉우리들은 분명 두렵고 무서웠으리라

히말라야 14좌는 모두 생사의 극점이었지만
그는 삶과 죽음이 한길에 있음을 그대로 받아들였고
위험천만한 절벽들의 음영이 보여주는 유혹 속에서
자신의 운명을 강한 도전 의지로 이끌었기에
정상을 향해 삶과 죽음을 초월한 걸음을 내디뎠으리라

그의 등정 역사는 곧 그가 세운 기적이었다
일찍이 세계인들이 짐작할 수도 없었던 기록을 세우고
죽음의 14좌에서 온전히 살아나온 그는 이제
그 어떤 의미의 찬사와 고행의 마디마디를 떠나서도
세상과 그 자신 스스로에게 기적의 여신이 되었다

* 블랙야크 소속.

물고기들의 길을 보며

– 오종명 건축가

삶의 고뇌를 바늘에 꿰어 낚싯줄을 던진다
그는 물처럼 흐르는 세상의 이치를 물고기에게 듣는다
물고기들이 미끼를 입질하여 손끝으로 전해 주는
긴장된 언어를 들으며, 그는 미래의 방향을 가늠한다

깨끗한 물속 물고기들의 길을 보며, 그가 물처럼
아래로 아래로 흐르는 의로움으로 세상을 바라보는 동안
맑은 물결에 닦인 그의 성품은
물고기들처럼 모여 사는 벗들에게 스며들었다

때로 예기치 않게 불거지는 복잡한 문제에도
그는, 삼국지에서 적벽대전을 정리했던 제갈공명처럼
얽힌 낚싯줄을 풀어내듯 일을 처리했고
역경 앞에서 오히려 담담해진 그의 온유한 마음은
산자락에 안겨 있는 맑은 호수의 수면 같았다

건축물들이 물빛 유리창을 통하여 빛을 투영하듯이

그는 늘 순리와 조화를 이룬 미소의 리듬을 잃지 않았고
보길도 근해에서 70센티미터짜리 돔을 낚아 올릴 때처럼
그의 삶의 기쁨과 풍요의 즐거움은
세상의 온갖 소용돌이를 벗어난 수평선에 닿아 있었다

지금은 그의 목소리에서 물소리가 들려온다
그가 잠시 시름을 접어 두고 낚싯줄을 내린 바다에서
푸른 꿈결 같은 물고기의 언어들이
그의 목소리와 함께 바람을 타고 들려온다

* 리틀어스 산업개발(주) 대표.

삶의 이정표처럼 정신을 한껏 드높이고
– 이길원 시인

90년대 초에 광화문에서 그를 만났으니
벌써 족히 15년 남짓 흐른 것이다
그의 첫인상은 미소를 잃지 않은 부지런한 몸놀림이었다
독립투사인 그의 아버지 운경(雲耕) 이인찬(李仁燦) 옹의 시에
'강물은 쏟아질 듯 넘칠 듯/ 날리는 치마폭처럼 흐르고' 하였듯이
세월이 그렇게 흐른 뒤에, 나는 그의 스승이
칼릴 지브란이었다는 것을 듣고 공감대가 편해진 것을 느꼈다
그가 시인이기 전에 칼릴 지브란을 안 것은
그의 생각과 정서가 얼마나 멋스러워졌는가를 알겠기 때문이다
은연중에 드러난 그의 멋은 또
시 안에서 삶의 이정표처럼 정신을 한껏 드높이고 있었으니
그가 시를 통해 '사람은 혼자일 수밖에 없는 것'
혹은 '슬픈 일은 그림자 같은 것' 이라고 나직이 말했을 때
그의 인상과 성품의 깊이가 중후하게 흘러넘쳤기에
그가 '옷깃 여미고 하늘을 보자' 했을 땐 이미
칼릴 지브란을 매개로 한 감성이 나의 내면에서 동화되고 있었다
마치 그가 내 손을 잡고, '밥도 안 되는 시를 쓴다' 고 말하며

자신의 삶을 빗대어 '하회탈 쓰고 춤이나 춘다' 해도
나는 그가 지닌 인생의 멋을 상실할 곳은 없다고 생각하였으니
그것은 그의 아버지의 기개와 어머니의 정성이
그에게 발아되고 만개했을 뿐 아니라, 그가 스승으로 모신
칼릴 지브란의 예리한 정신까지 존재의 가치로 승화되었기에
그러한 멋의 풍모를 내던질 방법이 그에게는 없는 까닭이다
더구나 그의 사촌 형수가 끓여준 청국장 맛 같은 인심으로
세상의 이치를 바라보았으니, 때로 그가 세상을 향해
이젠 '홀로 남겨지는 연습을 한다' 해도, 그의 삶은 언제나
인품의 깊이만 더해지고 있음을, 나는 알 뿐이다

* '강물은 쏟아질 듯…'은 그의 아버지의 시 「동지풍경」에서 온 것이고, '사람은 혼자…', '슬픈 일은…', '옷깃 여미고…', '밥도 안 되는…', '하회탈 쓰고…', '홀로 남겨지는…'은 모두 그의 시집 『하회탈 자화상』에서 온 것.

* 국제펜클럽 본부 이사. 국제펜클럽 한국본부 이사장.

사모(思母)의 강물에 뜬 배 한 척

– 이무원 시인

그날에 나는 바닷가에서 말을 몰아갔었네

그는 집 한 채 공중에 뜬 '벽산(碧山)' 에 살았고
별빛 담긴 그의 침묵은
'어머니 무덤 옆에 누워 한숨 자고 싶다' 는
그 한마디에 모정의 풀물 들었네

사랑도 추억도 가만가만 스며든 그의 목소리는
한 잔의 포도주 빛깔로 호숫가를 거닐었고
벽산에서 영원을 향한 그의 우뚝한 콧날은
일산 호수공원에 핀 장미꽃 향기에 취한 듯
얼굴엔 미소의 파문이 일었네

'아내의 모습에서 어머니의 모습이' 비치는
호수의 물결 위로 무지개 빛 겹치는데
침묵의 깊이, 그 속에는
'사도 요한' 의 영상이 그의 영혼을 감싼 듯

잔잔하다. 고요의 물결로 흐르는
부드러운 그의 미소 한번 잔잔하다

그가 그리움을 싼 '한지(韓紙)' 를 풀어 보면
거기엔 그의 아내와 귀여운 손자의 해맑은 모습이 있어
그의 그리움도 어쩌면
풀물 든 사모의 강물에 뜬 한 척 배가 되어
빈 산 울리는 뻐꾸기 울음을 들었으리라

그날에 나는 그 강을 따라 말을 몰아왔었네

* '어머니의 무덤 옆에…' 는 그의 시집 「빈 산 뻐꾸기」 에서 따온 것이고, '아내의 모습…', '한지' 는 그의 시어를 변용한 것. '사도 요한' 은 그의 세례명이며, '벽산(碧山)' 은 그의 사택인 일산 강선마을의 벽산 아파트.

* 홍익고등학교 교장. 공간시낭독회 회장 역임.

영혼이 된 섬

– 이생진 시인

섬이었으므로, 바다에 떠 있는 그를 만나려면
누구든 배를 타고 가야 한다
그렇더라도, 그 섬에 쉽게 당도하지는 못할 것이다
한곳에 떠 있는 섬이 아니었으므로
배를 잘못 타면 혹 길을 잃게 되리라

어떤 때 섬은 서울에도 있었네
그럴 땐 배들이 '우이도(牛耳島)' 부둣가에 정박했네
대양(大洋), 인터넷을 표류하다 오기도 하고
움직이는 섬이었으므로, 더러
섬에 정박하지 못한 배들 멀미하리라

그의 웃음은 회항하는 뱃전을 간질이는 물결이었네
섬인 그가 언제 어느 바다로 가는지
시집마다 파도 소리 들리는 그의 시는
해풍에 씻긴 무인도의 고독이었고
유서 쓰듯 썼다는 '만재도' 를 읽다가 나는 '없다' 에 이르러

없어진 나를 찾으러 밤새껏 '케르겔렌 군도' 까지 헤맸네

그는 '현실에서 영혼이 된' 섬이었으므로
그 섬에 닿으려면 누구든 영혼의 눈 떠야 한다
그렇더라도, 쉽게 그 섬에 닿지는 못할 것이다
영혼의 바다에 떠 있었으므로
눈이 어두운 이들 혹 표류하게 되리라

* '만재도', '없다', '현실에서 영혼이 된' 등은 그의 시집 『하늘에 있는 섬』에서, '케르겔렌 군도'는 장 그르니에의 「섬」에서 따온 것이고, '우이도'는 〈우이동 시낭송회〉의 변용.

학이 되고 산이 되어

– 동고(東皐) 이석수 서예가

무명 한복의 소맷자락을 펄럭이며
청학(靑鶴)이 날아오른다

학 그림자 어리는 섬진강 물결에 마음 씻으며
풀꽃 길을 따라가는 어린 소년이 있었다
아직 상투를 틀고 갓을 쓰기 수십 년 전
소년은 길게 땋아 내린 머리 가닥으로 그늘을 흔들며
백운산 기슭의 '초동서사(草洞書舍)' 로 들어갔다

해와 달이 흰 구름에 씻기고
계절마다 옷을 갈아입는 산자락을 눈에 담으며
스승 '겸산(兼山)' 의 애제자로서
어진 학덕을 꽉 채우고 초동을 떠나 온 지도
어느덧 이십 년은 됨직한데
그의 얼굴은 아직도 달빛 먹은 소년이다

그가 진정한 청학을 찾아 서도(書道)를 닦는 동안

익을 대로 익은 그의 붓끝에서 나온 죽(竹)에서는
학이 오를 때 젓는 바람 소리가 들려 왔고
녹음이 우거질 대로 우거진 유월의 지리산 자락도
청학의 날개를 펴고 하늘을 날았다

그가 학이 되고 산이 되어 날아오를 때마다
그에게서 들려오는 물소리 바람 소리에 귀를 기울이며
나는 이제, 산허리로 솟구치는 그의 날개를 본다

* '겸산(兼山)'은 한학자 안병탁(安秉柝) 선생의 아호이고, '초동서사(草洞書舍)'는 겸산이 제자들을 가르쳤던 학당 이름.

세상의 애환을 바라보는 그 마음
– 이승하 시인

겸애(兼愛)를 머금었다
입매의 균형미에서 얼굴 전체로
그의 조용한 웃음이 번진다
그 모습 떠오르면 나도 따라 웃는다

동안(童顔)의 재치 안으로는 겸덕이 담겼다
그 겸덕의 띠를 두르고 솟은 그의 필봉(筆鋒)은
산을 움직일 듯한 장력으로
한 봉우리 우뚝 빛나고 있었다

산이 된 그가 외유내강에 이르러
고행을 지고 가는 몸가짐이 더욱 가뿐할 때
세월이 그에게 보여 준 상처들을 향하여
그는 오히려 삶의 '중앙'에서 고난을 다스린 것일까

세상의 애환을 바라보는 그의 마음은
환부를 보는 의사의 눈처럼

'뼈아픈 별을 찾아' 시간 속을 가고 오고
'시간은 나를 아프게 할 것이니' 아, 그렇구나
그의 시간 속에는 별빛들도 아프고 있었구나

인정의 물살도 잔잔한 그의 산의 비경이 맑게 개이고
가난하고 아픈 별빛들도 씻기고
정감 넘치는 그의 부드러운 목소리 들려오는
호연지기(浩然之氣)한 풍광이 하늘빛에 닿을 때
나그네의 발걸음도 늘 거기에 멈춘다

* '뼈아픈 별…', '시간은 나를…' 등은 그의 시집 「뼈아픈 별을 찾아서」에서,
'중앙'은 그가 재직하고 있는 〈중앙대학교〉에서 따온 것.
* 중앙대학교 문창과 교수.

천 년의 세월로 이루어진 해후

– 창원(蒼園) 이영복 화백

그의 화폭 안에서 용이 된 소나무가 꿈틀거린다
제 몸을 유연하게 뒤틀며 천 년의 날숨을 뿜어낸다
솔잎에 구멍 난 바람 소리가
폭포의 물소리처럼 쏴아 하고 들려오는 순간
운무 속으로 사라져 가는 한 마리의 용(龍)!

그가 여덟 폭의 병풍에 그린 '단호사(丹湖寺)의 적룡송(赤龍松)' 은
어느새 그의 낙관을 물고 하늘을 날고 있다
푸른 기상의 솔바람을 내쉴 때마다
운무의 회오리가 속세의 시야를 걷어 내고 있다

그가 소나무를 만나고 소나무가 그를 만난 건
천 년의 세월로 이루어진 해후였으리라

예술혼이 벅차오르듯 한 그의 '반룡송(蟠龍松)' 을 보면
용이 제 힘을 견딜 수 없어
비늘이 으스러지도록 몸을 감아 조이는 모습 안에서

타고난 그의 애송심(愛松心)의 열정이
용틀임하는 소나무와 함께 팽창하고 있다

솔잎으로 해를 헤아려온 거송들이
송운(松韻)에 취해 시를 읊던 옛 선객들의 자리를 내어 주며
천 년을 흘러 온 자신들을 그에게 보여 줄 때마다
맑고 예리하고 부드러운 심성의 눈을 가진 그는
푸르게 흘러오고 흘러갈 삶의 숨결을 보았던 것일까

끝없이 젊은 천 년 소나무들이
그의 화폭에서 솔바람을 일으키고 있다

* 그의 화제(畵題)인 '단호사의 적룡송'은 충주 단월동에, '반룡송'은 이천 백사면에 있는 소나무.
* 국전 운영위원 및 심사위원, 동아일보미술제전 심사위원 역임.

바람의 옷, 바람의 여신

– 이영희 한복 디자이너

그가 지은 한복을 입는 순간
묘령의 여인들은 하나같이 선녀가 되었다
그가 다시 선녀들의 저고리를 벗겨버리자
순간, 여인들은 바람이 되었다

저고리를 벗은 드레스 풍의 치마가 바람에 날렸다
어깨 살을 드러낸 한국의 여인들이 각색의 바람이 되어
화려한 한복의 자태를 세계인들에게 보여줄 때
그는 '바람의 옷' 을 지은, 바람의 여신이었다

그에게 한복은 곧 한국미의 정수였다
그가 온 정성과 심혈을 기울여 만든 의상들은 모두
세계인들이 감탄한 최고의 찬사였으므로
마치 '바람이 분다, 살아 보아야겠다' 고 말해주듯
그는, 살아서 펄펄 날리는 미(美)의 숨결을 보여 주었으니

아름다워라, 이 땅의 베틀에서 지켜온 옷감들이

그의 손끝에서 되살아난 선(線)의 유혹이 아름다워라

최소 30년은 젊어 보인 그의 얼굴은
타고난 안목과 대기만성형의 깊은 인상을 지녔고
거침없이 시원하게 트인 이목구비는
차분한 혜안의 넓이와 감성의 자애를 고루 갖추고 있어
바람의 여신다운 꿈을 펼치기엔 적격이었다

한국인에게 한복은 세계적인 매혹이었기에
한복만의 부드러운 선으로 아름다움의 극치를 표현해 낸
그의 천부적인 감각의 창의력이야말로
한복을 통한 국위 선양은 물론 우리 옷의 전도사로서
온 세상에 바람을 일으키고도 남을 여신의 위력이었다

* '바람의 옷'은 그가 프랑스에서 가졌던 패션쇼 타이틀이고, '바람이 분다,…'는 프랑스 시인 폴 발레리의 시구(詩句).
* 동덕여자대학교 의상디자인학과 겸임교수. 〈메종 드 이영희〉 대표.

농부의 유적

– 동암(東巖) 이원근 농부

한세상 그는 햇살을 걸치고 살았다
대지의 곡식들이 풍요의 꿈을 머금고 익어가는 동안
고단한 밤이 오면 그는 푸른 잠을 청했다

아침부터 저녁까지, 봄에서 겨울까지
그의 발걸음은 흙의 세월을 읽어나갔다
햇볕이 등을 다독이는 봄여름에
흙이 제 몸을 풀어 연초록 새순들을 밀어 올릴 때마다
그는 흙 속에서 들려오는 생명의 소리를 들었다

된바람이 여울지는 가을겨울엔
알곡을 내어주고 긴 침묵을 호흡하는 들녘을 보며
낙엽이 쓸어가는 이별과 흰 눈에 덮인 생의 여백 앞에서
그는 삶과 죽음이 한길로 이어진 운명을 바라보았다

어느 날, 마지막으로
눈에 아리는 식솔들을 남겨 두고 그가 떠났을 때

대지는 그의 발걸음을 제 가슴으로 품어갔으리라
그의 영혼은 또 자신의 일생이 적혀 있는 논밭을 바라보며
하나둘 대처로 흩어져 가는 자식들의 뒷모습도 보았으리라

생전의 그가 농토에다 씨앗을 뿌린 것처럼
그의 자녀들은 지금 어디에다 뿌리를 내리고 있을까
해마다 그가 땀으로 곡식을 거두어들인 것처럼
그의 자식들은 지금 어떤 삶의 가치를 추수하고 있을까
계절에 순응했던 그처럼 해맑은 길을 걷고 있을까

산자락 밭머리에 묻힌 그의 무덤을 본다. 씨앗처럼
제 몸 하나 대지에 심고 떠난
이 땅의 농부들이 걸어간, 오랜 유적을 본다

와인, 그 미래의 아날로그 바에서

– 이재술 와인 소믈리에

그날 밤, 그가 따라 주는 와인을 마셨다
와인의 진실, 그것은 와인의 오랜 매력이었다
그와 나는 와인의 깊이에 매료되었다

그의 멋은 와인과 커피와 음악으로 스며 있었다
와인과 커피의 색깔이 주는 정감에 취해
엘피 레코드에서 흘러나오는 옛 음악을 듣고 있으면
시간이 서서히 거꾸로 거슬러 갔다
어느새 시간은 지나온 회상들을 짚어내듯
턴테이블에서 음반의 원을 좁혀 들어가고 있었다

누구든 그가 아날로그 분위기를 연출하는 순간
내면에서 떠오르는 추억의 그리움을 안고
온몸이 와인과 커피에 젖어드는 낭만에 안기리라

그의 이름에서 느껴져 오는 술의 이미지가
그의 얼굴과 함께 클로즈업 되는 것만 보더라도

늘 상냥한 그의 아내의 내조 못지않게
그가 와인을 만난 운명적인 열정도 읽게 했다

와인과 재술, 재술과 와인을 반복하다 보면
거기에 저절로 따라붙는 커피와 음악의 흐름 또한
그가 꿈꾸는 미래의 아날로그 바에서 대할 수 있는
넉넉한 감성의 풍경을 미리 보여주고 있었으니
장차 '소믈리에도 몰래 찾는' 기쁨을 보게 되리라

* '소믈리에도 몰래 찾는'은 그가 지은 『와인 상식 사전』 제목 머리글인 '소믈리에도 몰래 보는'의 변용이고, 그는 은퇴 후 아날로그 분위기의 와인 바 경영의 꿈을 가지고 있었음.

돌부처가 천 년의 잠에서 깨어난 듯
– 이창호 바둑 기사

일찍이 이처럼 뛰어난 기성(棋聖)은 없었다
그가 흑을 쥐든 백을 쥐든
돌이 놓이는 대로 길이 되었다
어차피 운명은 돌의 삶과 죽음에 따라 정해졌다
그는 불계승의 완덕보다는
아슬아슬한 반집 차의 승산으로 되돌아오는 미덕을 통하여
돌과 자신에게 주어진 운명의 중후함을 드러냈다
사각의 선을 따라 삶과 죽음을 치밀하게 계산하지 않고는
존재의 승패를 보여줄 수 없는 까닭에
그의 돌이 바둑판에 닿기까지의 여정은
고요를 머금고 앉은 '돌부처'가 천 년의 잠에서 깨어난 듯
때로 긴 장고 끝에 내려놓는 그의 한 수는
긴장을 벗 삼고 바라보는 관전자들의 예상을 초월했다
그는 무표정의 침묵 속에서 상대를 제압했다
한 번 떨어진 돌은 물릴 수 없는 일수무퇴의 격전지에서
대국(對局)의 승리는 곧 대국(大國)의 명예였다
동방의 기사들이 천하를 놓고 겨룰 때마다

그의 손끝에서 계가된 승률은 중국과 일본이 따를 수 없는
일대 불멸의 승전보였다. 나는
그가 이루어 놓은 전사를 가만히 회상하다가
어느새, 그의 이름에서 느껴져 오는 창과 방패를 갖추듯
종이와 펜을 가지고 그를 적었다. 그가
한판 승부를 눈앞에 두고 맞이했던 그 침묵 속에서……

* '돌부처'는 그에게 붙여진 애칭.

'톤즈' 의 예수

– 이태석 의사 신부

톤즈 사람들에게 그는 예수 그리스도였다
굶주림 속에서 전염병과 한센 병 등을 앓고 있던
그곳 사람들은 그를 '쫄리(존 리)' 라고 불렀다.
톤즈에서 그는 의사이자 선생님, 건축가이자 지휘자였다

20년 내전으로 이백만의 사망자를 낸 아프리카 수단은
증오와 슬픔, 가난과 고통이 저민 절망의 땅이었다
수단 남부에 있는 톤즈 마을의 딩카족들 역시
내전에 휩싸여 극심한 기아와 질병으로 시달렸다

황량한 오지에서, 그가 병원과 학교를 지어가면서
그리스도의 사랑으로 병자들의 몸과 마음을 치료하며
학문과 음악을 가르치자, 어른아이 할 것 없이
그를 자신들의 목자요, 아버지처럼 따랐다

그의 삶은 절망에 빠진 사람들에게 희망이었다
그가, "가장 작은 이들 가운데 한 사람에게 해 준 것이

바로 나에게 해 준 것이다"라는 성경 말씀을 안고
온 정성을 다하여 사랑을 실천하는 동안
태양 아래, 더 이상 흘릴 눈물마저 메말라 버렸던
톤즈 사람들의 마음도 어느새 기쁨과 평화가 충만했다

아, 그런데 이 무슨 청천벽력이란 말인가!
일시 귀국한 그의 건강검진 결과가 말기 암이었으니
48세인 그의 장례미사 영상을 보며 흐느끼는 흑인 청소년들
'브라스 밴드' 가 부르는 "사랑해~ 당신을! 정말로~ 사랑해!"
톤즈 사람들도 그를 추모하기 위해 운동장에 운집했다
아, 그가 뿌린 사랑은 이미 그들의 가슴 깊이 번져나갔고
그들을 울린 '쫄리' , 그는 바로 진정한 톤즈의 예수였다

* 이 시는 다큐멘터리 영화 『울지마, 톤즈』 를 참고했으며, '쫄리(존 리)' 는 이 요한 사제의 약칭이고, '가장 작은 이들…' 은 마태오 25장 40절이며, '브라스 밴드' 는 그가 만든 수단 최고의 악단 이름.
* 살레시오회 소속 사제.

시로 피어난 고결한 영혼

– 이해인 시인

어느 한 시대에 이르러
백합처럼 맑게 피어난 시인이었습니다
주님, 당신을 찬미하기 위해 태어난 시인이었습니다
당신은 그의 영혼에 기쁨의 향기를 부어 주시어
그의 기도와 묵상이 찬미의 가락이 되게 하셨습니다

그는 시의 향기를 당신께 바쳤습니다
그 향기는 이내 사람들의 가슴으로 스며들었습니다
그가 당신의 은총에 기대어 시를 쓸 때
당신은 그의 시가 사랑이 되고 빛이 되게 하셨습니다
그의 시 속에는 영혼의 언어들이
당신의 사랑의 빛을 머금고 있었습니다

주님, 당신의 아름다움이 변함없는 것처럼
그에게 삶과 시는 한결같은 것이었습니다
그의 수도적인 삶이 곧고 정결하듯
그의 기도와 찬미의 가락 또한 맑고 정갈하였습니다

당신의 사랑 안에서 쓴 그의 시에 있어서
햇살을 받고 있는 꽃이나 그늘에 앉아 있는 꽃이나
찬미의 향기는 언제나 고요하고 순박했습니다

그가 영혼의 울림을 시에 담을 때
그 순간, 그의 삶의 투명한 빛도 함께 담겨져서
어느새 그의 노래는 영원을 향한 선율이 되었습니다
주님, 당신의 향기를 머금은 찬미의 시혼이었습니다
시로 피어난 고결한 영혼이었습니다

* 성베네딕도 수도회 소속 수녀.

네 손가락의 기적

– 이희아 피아니스트

그를 보면, 놀랍고 신기하고 부끄럽다
삶이 이렇게 안타깝고 아름다울 수가 있는 것인가
인간의 모습이 이토록 기이할 수도 있단 말인가
아니, 내가 어리석어지고 열 손가락이 부끄러워질 줄이야

그의 몸은 기적으로 이루어진 하나의 선율이었다
선천성 사지기형 1급 장애로 양손에는 손가락 네 개
무릎 아래로는 두 다리가 없고, 뇌 지능이 낮은 그에게서
베토벤의 '환희' 와 쇼팽의 '즉흥환상곡' 이 흘러나올 때
세상의 인식을 초월하여 옥타브를 넘나드는 그의 네 손가락은
온전히 그의 존재가 음악으로 변모된 기적이었다

그가, 인간이 어디까지 처참해질 수 있으며
어디까지 눈물겹도록 아름다울 수 있는지를 대조해 줄 때
또한 '불가능이 없는 하나님' 의 은총이
어떤 처지까지 각별하게 나타나는지를 그가 보여 줄 때
전 세계인들은 그에게서 드러난 기적의 현실 앞에 감동했다

키 103센티미터에 몸무게 33킬로그램인 그가
피아노 의자에 오르는 순간, 그 애잔한 모습은 위대하다 못해
청중들로 하여금 숙연한 정적에 휩싸이게 만들었고
그가 애교 있는 목소리로 "여러분, 없는 것에 슬퍼하지 말고
남아 있는 것에 기뻐하세요!" 하고 외칠 때는
삶의 조건이 어디까지 행복해질 수 있는 것인지를 깨닫게 했다

그의 수호천사는 바로 그의 어머니였다
생명에 대한 사랑으로 그를 전 세계인의 무대에 올려놓기까지
그의 일거수일투족을 보살펴 온 그의 어머니야말로
하느님의 각별한 은총에서 비롯된 명작이 아닐 수 없었으니
이들 모녀가 전해주는 감동은 곧 천상의 기쁨이었다

* '불가능이 없는 하느님'은 루카복음 1장 38절에서 온 것.

라이브의 여왕

– 인순이 가수

그가 마이크를 잡는 순간부터
무대와 객석이 출렁거리기 시작했다
모든 잡념을 훌쩍 뛰어넘어오는 그의 열창은
그 자신도 억제할 수 없는 활화산 같았다

'밤이면 밤마다' 타오르는 환희의 불꽃처럼
발라드, 댄스, 재즈, 트로트에 이르기까지
강렬하면서도 섬세한 섹슈얼리즘 동작을 소화하며
관객들의 영혼을 사로잡는 그의 카리스마는
언제나 콘서트의 끝을 모르게 했다

그는 영가풍의 혈통을 이어받은 열정을 지녔고
혼혈인의 고난을 극복해 온 그의 뛰어난 가창력은
무대와 객석의 경계를 초월한 꿈을 향해
온 영혼이 팔을 벌리고 맞이한 삶의 절정이었다

그의 파워풀한 공연 매너는 일품이었다

그는 밝은 웃음으로 무대를 화려하게 이끌었고
자유자재로 자연스럽게 흐르는 율동의 정경은
언제 보아도 라이브의 여왕다운 신비를 발산했다

무대에서 보여준 멋진 모습들은 팔색조 같았고
그는 늘 서민적인 다정다감한 심성을 가졌다
소탈하고 쾌활한 그에게 숨겨진 비밀 하나 있다면
사람들이 눈치챌 수 없는 그의 마음 안에
신이 감추어 둔 선행의 덕목을 들 수 있으리라

* '밤이면 밤마다'는 그의 히트작이자, 그를 최고의 가수로 만들어준 노래 제목.

운수재(韻壽齋) 가는 길

– 임 보 시인

호산(湖山)에서 나흘을 달려와 강하(江下) 뫼봉에 오르니
앞엔 동서로 가로지르는 장강(長江)이 바다에 다다르는 끝자락이라
그 물결 강인지 바다인지 모를 수면 위로
일몰이 금빛 융단을 펼쳤고, 뒤로는
순한 들판이 아득히 북풍(北風) 바닥을 치닫다가
북악(北岳) 능선의 노송 몇 그루를 휘어 놓았는데, 거기서
동북쪽으로 우이령(牛耳嶺)을 껴안고 내리면
그곳이 바로 한 선객(仙客)이 '쌍문(雙門)' 을 열어 두고
'덕성(德成)' 을 베고 누워 쉬는 운수재(韻壽齋)라
멀리서 보아도 그곳 풍경 역시
십 리 길 도원절경(桃源絕景)의 황혼이 빛났으며
하룻밤 쉬어 가는 밤하늘 만월이 도산(道山) 오봉(五峯)을 비껴갈 때
아직도 사나흘은 더 가야 그를 만날 것인지라
그가 어느새 구름 낀 솔밭 사이를 보며
잔을 비우고 나직이 북두만월(北斗滿月)을 껴안았으리라 생각하니
어쩌면, 구름 위에 있어 길 없는 그곳까지는
족히 한 달은 걸려야 당도하지 않을까

그가 모자를 쓰고 나타나 "자네 왔는가!" 하기까지는
아마도 나는 추경반월(秋景半月)까지 볼 지도 모르겠지만
운수재 못가에 앉아 수석(壽石)을 보며
그가 서 말 주병을 비우고 잠든 신선(神仙)이 되고 보면
거기에 이르러 나는 어쩌면 동자(童子)로 늙으리라

* '운수재(韻壽齋)' 는 그의 당호. '쌍문' 은 그의 사택이 있는 쌍문동을, '덕성' 은 그의 집 옆에 있는 덕성여대를 변용한 것.
* 충북대학교 국어국문학과 교수 역임. (사)우리시진흥회 고문.

영상미의 거장

– 임권택 영화감독

그의 천재적인 기질이 영상미로 드러날 때마다
사람들은 넋을 잃고 그의 화면에 사로잡혔다

그가 한국인의 슬픔이 꿈틀거리는 남도의 서정에다
골수에 스미도록 아린 사랑 이야기를 풀어
애달픈 탄식의 여운이 감겨드는 판소리를 들려주자
그의 빼어난 감각에 세계인의 이목이 빨려들었다

그가 잡아낸 영상의 뿌리는 한(恨)이었다
그는 한국인의 내력에 응집된 정한을 풀어주듯
서럽고도 애처로운 풍경의 여백 속에
달빛, 판소리, 바람, 길, 사랑의 첩경을 담았다

그는 한국 역사의 문화적 특성을 바탕으로 한
씨받이, 만다라, 서편제, 취화선, 천년학 등을 감독하여
세계인의 가슴에 한국미의 감동을 안겨 주었고
이미 100편이 넘는 초유의 기록과 함께

일찍이 없었던 영상미의 거장다운 전설이 되었다

다소 묵묵한 그의 표정을 바라보고 있으면
얼굴 전체로 퍼져가는 아량 또한 봄빛 같아서
누구든 그의 자애로운 심성이 주는 기쁨을 느끼리라

그가, "영화 외에는 할 줄 아는 게 없다"고 말했듯이
세계 영화계를 놀라게 한 그의 삶이야말로
영화처럼 보여준 가장 시각적인 명상을 지녔으니
언제라도 한국인다운 그의 영상미를 생각할 때마다
그의 업적에 앞선 거장의 열정에 깊이 감탄하리라

* 한국영화연구소 이사장, 상하이 국제영화제 심사위원장 역임.

그가 들어 올린 것은 바로 자신

– 장미란 역도 선수

모든 승리의 의미는 결과 이전의 것이기도 했다
그가 들어 올린 것은 역기의 무게가 아니라
무게로 확인된 결과의 숫자가 아니라
최고의 역사(力士)가 되기까지 끊임없이 갈고 닦아온
그 자신과의 싸움에서 승리한 영예였다

그가 들어 올린 무게에 놀라기 전에
그가 겪어왔던 어려운 과정을 생각할 때
힘에 의해 들려야 하는 무게를 놓고 흘린 피땀과
운명적인 삶의 애환을 껴안고 살아왔던
인생 여정의 고난이 폭발하듯 분출하는 그 순간에
그의 힘은 이미 바벨을 들어 올리고야 말았다

온 힘을 다해 외치듯이, 자신에게 만세를 부르듯이
그가 엄청난 무게를 공중으로 떠받칠 때
사람들은 그의 몸에서 꿈틀거리는 역경을 보며
그가 겪어왔던 뼈저린 고난의 길도 함께 느꼈으리라

그가 들어 올린 것은 바로 자신이었기에
세계 신기록의 무게보다 힘들었던 숙련의 과정을 보며
가슴으로 파고드는 그의 눈물도 함께 보았으리라

그가 온 세상을 일시에 들어 올렸듯이
삶은 그와 같은 사람에 의해서 감동된다는 것을
그와 같은 고난에 의해서 힘으로 솟구친다는 것을
보고 느끼고 확인할 때, 존재의 영예는 진정
그 자신과의 싸움에서 얻어진 것임을 절실히 알리라
그가 들어 올린 무게에 앞서, 그것을 들어 올린
장미란, 그의 삶이 곧 참된 승리였음을……

* 베이징올림픽 금메달리스트. 고양시청 소속.

현(絃)의 마녀

– 정경화 바이올리니스트

그가, 비발디의 사계 중 여름 3악장을 연주하자
온몸에서 폭풍이 몰아치기 시작했다
죽은 신경까지 되살아나듯 전율이 일면서
그의 현에서 휘몰아치는 격정 속으로 빨려 들어갔다

연주할 때의 신들린 듯한 그의 몸짓 또한
보는 이로 하여금 감동의 뿌리까지 흔들리게 하면서
마녀에게 안겨 성(城)으로 날아 들어가는 환상에 젖게 했다
어느새 청중은 그의 품에서 벗어날 수가 없다

동양인 최초로 세계 클래식계에 명성을 떨친 그는
두 살부터 음악을 시작, 아홉 살에 콩쿠르 우승, 열세 살에
줄리아드 음악학교에 전액 장학생으로 선발된 이후
첼리스트인 언니 명화와 지휘자인 동생 명훈과 더불어
세계인을 감동시킨 '정 트리오'의 중심을 이루기까지
"나의 재능은 0.3%일 뿐, 99.7%는 노력의 결과"라고 하였으니
그 결과는 곧 노력을 아는 천재의 열정임을 알게 했다

그는 청중을 완벽하게 사로잡았다
바이올린과 무대와 관객을 하나의 선율로 통제하면서
힘찬 터치와 변화무쌍한 기교와 재치를 펼쳐가다
바람을 타고 나는 현의 그물로 그 자신까지 휘감아버렸기에
청중은 그의 음률이 주는 긴장에 갇혀 숨쉬기조차 힘들었다

누구든 현을 켜며 날아오는 그를 조심해야 하리라
자칫 원숙한 경지에 도달한 마녀의 감미로움에 꼼짝 못하리라
그가 혹 차이코프스키의 바이올린 협주곡을 들려주기라도 하면
존재의 격정과 그리움을 견디다 못해 울기도 하리니
그의 선율이 파고드는 울림의 감동 앞에서 당황하게 되리라

* 미국 줄리아드 음악대학교 교수.

조광호 화백

조성하 여행가

조수미 소프라노

조용필 가수

주천기 안과 명의

채희문 시인

천한봉 도예 명장

최경주 골프 선수

최동호 시인·평론가

최명길 포뮬러3(F3) 드라이버

최종고 시인·법학자

피천득 시인·수필가

한비야 저술가

한순자 시인

함동선 시인

홍쌍리 매실 명인

홍종설 도예가

홍해리 시인

석전 황 욱 서예가

황영조 마라톤 선수

황인란 화백

제4부 : 인간적인 휴먼 드라마

사실 나에게 있어 인물시는 내게 주어진 은총의 달란트다. 이것은 하나의 고백이기도 하다. 내 생각과 손끝을 이끌어주는 은총이 없었다면, 나는 단 한 줄의 인물시도 쓰지 못했을 것이다. 그 이유는 내 자신이 지닌 인물에 대한 깊이에 비해, 한 편 한 편의 시가 완성될 때마다 그것을 내가 썼다고 하기엔 내 스스로도 인정할 수 없는 벅찬 무게를 느끼기 때문이다. 은총이 아니고서 내가 썼다는 타당성이 내 스스로에게 인정되지 않기 때문이다. 그런 면에서 내게 주어진 은총의 결과는 늘 내 자신에게 두려움과 기쁨을 갖게 했다. 그것은 어렵게만 여겨졌던 일들이 나에게서 이루어지고야 말았던 때일수록, 결과적으로 나에게는 은총에 대한 감사로 충만했다는 사실이 곧 나의 진실이 되었기 때문이다.

– 시작(詩作) 메모 중에서

화두, 그 불속의 영혼

– 조광호 화백

'로고스의 암호' 가 불로 타오른다
그 불속에서 나의 겨자씨가 자란다
신비를 향한 그의 손끝으로 옮겨 붙은 불꽃이
자아를 태우고 시대의 어둠을 태우고 허무를 사른다
겨자나무는 거기서 더욱 불길처럼 자란다

마카오에서 내게 준 겨자씨 한 알은
한 편의 시에 찍힌 마침표 같았는데
미국의 부래드 쿠퍼 화랑에서 타오른 그의 불꽃은
백광(白光)의 화폭에서 달관한
나무의 거목들이 불의 춤을 추고 있었다

순간, 나는 '정신 나간 사람' 처럼
그의 화두(話頭)를 화무(火舞)로 읽는다

화선지의 달빛을 밟으며
'화두 3-47' 로 지천명을 넘어온 그의 영혼의 불꽃이

'불의 화두-숯' 에 이르러 쓴 시를 보면
불과 빛이 침묵의 사리로 들어앉은 숯덩이에서
그의 얼굴이 달로 떠오르고
영원의 잉걸로 타는 숯은 아예 꺼질 줄을 모른다

불씨를 물고 있는 그의 눈빛이
'자아 실존의 서러운 인간적 정황들의 잔영' 을 이끌고
숯의 그윽한 어둠 속에 닿을 때
불 먹은 그의 미소는 어느새 내 영혼을 밝힌다

* '로고스의 암호', '화두 3-47', '불의 화두-숯' 등은 그의 작품 타이틀에서, '정신 나간 사람' 은 그의 단상집 『그대 문의 안과 밖에서』 에서, '자아실존의 서러운…' 은 그의 화두를 평한 김복영 홍대 교수의 글에서 온 것.

* 사제. 인천가톨릭대학교 조형예술대학교 학장.

심성의 멋진 풍광

– 조성하 여행가

그의 발걸음은 날개처럼 가벼웠다
그에게선 바람 소리가 들려 왔다

핏줄 같은 행로를 찾아
온 세상을 누비고 다닌 그의 몸에는
오대양 육대주가 담겨 있고
이 땅 금수강산의 물결이 담겨 있었다

그가 조리개로 밀고 당긴 풍경에는
그의 맑은 영감이 배어 있어
구도마다 태초의 심원을 드러내 주었다

그는 타고난 역마살에다
고요한 결단력을 합친 예지를 지닌 데다
호남·호방의 친화력을 좌우로 감싸고 있어
길상대운의 안광이 만 리 길을 비추었다

그의 배산(背山)은 부드러운 가풍이었다
대운에 따른 혼돈이 끼어 있을 법도 한데
신기하게도 그에겐 모성의 보호막이 있어
그를 지켜주는 기운을 역으로 추적해 볼 때
볼수록 그것이 효덕임을 짐작하게 했다

그가 지구촌의 아름다움을 찾아내어
역사와 풍속을 다감한 기사로 전해줄 때마다
누구나 그의 타고난 삶의 여정과 함께
그의 심성의 멋진 풍광도 만나게 되리라

* 동아일보 부국장.

하늘이 내린 프리마돈나

– 조수미 소프라노

세계적인 오케스트라의 무대도 그를 위해 있었다
그의 환상적인 음색은 무지개와 같았다
너무도 신비롭고 아름다워 필설이 닿지 않는다
그저 놀라움과 감탄에 숨을 죽일 뿐이다

그의 소리는 위대한 신의 자비로움이
지상의 슬픈 영혼들에게 닿는 영성으로 깃들어 있어
인간이 지닌 무형의 혼을 깨워 전율하게 했다

그가 자신의 아버지를 그리며 아베마리아를 부를 때
온몸이 저절로 뭉클거린 관객은 눈물을 흘렸다
그 순간, 그의 모습은 성모 마리아와 같아서
아베마리아를 작곡한 슈베르트의 영혼도
그의 소리를 듣고 감격한 나머지 되살아나왔으리라

그가 '백 년에 한 번 나올까 말까한 목소리' 로
레오 들리브의 곡 라크메 중 '종의 노래' 를 부를 때도

그의 깊은 울림을 따라 환시로 나타난 들리브의 영혼이
그의 표정을 보며 감동의 침묵에 빠졌으리라

클래식계의 거장들이 극찬을 아끼지 않았듯
그는 하늘이 내린 금세기 최고의 프리마돈나였다
어느 대목이나 자유자재로 오르내리는 그의 목소리는
감히 흉내 내기조차도 어려운 천상의 선율이었다

'세계에서 두세 명만이 낼 수 있는 아주 높은 F음' 을
오히려 고요한 표정으로 들려주는 그의 울림에서
누구나 귀로 전해오는 깊은 감동의 기쁨을 맞이하리라
그를 지상에 내려 보낸 하늘을 바라보면서……

* '백 년에 한 번 나올까 말까…' 와 '세계에서 두세 명만이…' 는 각각
지휘자인 헤르베르트 폰 카라얀과 게오르그 솔티의 말.

소리의 거인

– 조용필 가수

악기들이 쏟아낸 고음이 한꺼번에 휘몰아친다
그 고음을 뚫고 울려나오는 그의 목소리가
청중의 가슴속 긴장을 한꺼번에 쓸어내린다

그는 '부산항' 을 돌아와서 '서울' 을 찬미했다
그다음 '한 오백 년' 의 사랑으로 '킬리만자로' 를 돌아
'위대한 탄생' 을 보여주었지만, 아, 그에게 사랑은
인생 여정의 가장 아름다운 슬픔이기도 했다

그는 작은 체구임에도 청중의 폐부를 울리는 열창으로
일찍이 가요계에 없었던 최고의 음색을 보여주었다
스테이지가 크든 적든 음정을 중후하게 소화시키는데다
가창력의 기운이 무대 밖까지 넘나드는가 하면
소리에 있어 그는 거인의 장력으로 심금을 제압했다

그의 가요계 출현은 불세출의 영웅전 같았다
옥타브의 높고 낮음이 티 하나 없이 오르내릴 때는

마치 격전지의 상공을 선회하는 전투기가
제 음속을 추월하면서 고공에 뿌리는 음맥(音脈) 같았다

그가 세상에 보답해준 음악의 기쁨이 자신을 감싸는 동안
그의 영혼은 스테레오로 펼쳐지는 소리의 무지개였다
그 무지개를 뿌리며 자신의 깊은 운명을 열창하는 동안
누구든 그의 노래를 따라 부르며 감동케 하였으니

그가 온다. 그의 소리가 온다. 그의 영혼이 온다 했을 때
무지개의 음계 같은 그의 가락의 여운 또한
그가 성황리에 공연을 마치고 돌아가 쉬는 곳에 이르러
슬프고도 아름다운 영혼의 향기처럼 안겼으리라

* '부산항', '서울 찬미', '한 오백 년', '킬리만자로'는 그의 노래 제목이고,
'위대한 탄생'은 그의 악단 이름.

빛의 천사

– 주천기 안과 명의

앞을 보지 못했던 환자가 기뻐서 어쩔 줄 몰랐다
그를 만난 이후, 어둠이 사라졌기 때문이다
그가, '마음의 등불' 을 환하게 열어주었기 때문이다

어둠에 갇혔던 사람들이 빛을 보았다
그는 수천 명의 백내장 환자들에게 치유를 베풀었고
각막이식수술 권위자로서
고 김수환 추기경의 안구를 성공적으로 적출하여
두 사람에게 빛을 보게 했던 안과 명의다

빛을 위해서 그는 태어났다
그가, '앞 못 보는 이들을 보게 하는 일이야말로
가장 인간적인 휴먼 드라마' 로 여겼듯이
그는 자신의 삶이 자신에게 기쁨이 되기 이전에
광명을 찾는 이들을 위해 인술을 펼쳤으니

예수 그리스도와 같은 삶이여!

그가, '에파타!(열려라!)' 하고 외치는 순간에
그의 손끝에서 열린 빛을 보게 되는 놀라운 감동이여!

그가 환자의 어둠 속 두려움을 해방시켜주며
눈을 뜨고 세상을 보게 되는 경이로움을 안겨줄 때
그를 만난 환자들의 마음이야말로
자신의 눈으로 천사를 보는 기적을 체험했으리라

그는 빛을 이식하는 소명을 지니고 있었다
아프리카 케냐까지 달려가 빛을 열어주기도 했던 그는
세상의 어둠을 열어주려고 내려온 빛의 천사였다

* '마음의 등불'은 김수환 추기경의 서예 작품 '눈은 마음의 등불'에서 따온 것이며, '에파타!'는 예수께서 귀를 열어줄 때 하신, 마르코복음 7장 34절 말씀이고, '앞 못 보는…'은 그의 어록.
* 가톨릭대학교 의과대학(안과학) 주임교수. 서울성모병원 안센터장.

바람 부는 언덕의 고독

– 채희문 시인

바람에 나뭇잎이 날린다. 그의 눈엔
언제나 바람이 담겨 있었다
억새풀 언덕으로 부는 바람 속의 영상도 담겨 있어
불란서 영화에서처럼 고독한, 그러나 그것은
영원을 향한 고요한 찬양, 거기에서
침묵의 맑은 삶이 미소로 번졌다

'한 오백 년' 은 거뜬히 사랑할 것 같은
그의 낭만적인 시는 여유가 흘렀고
독일어를 수학했음에도
한 번도 말을 어렵게 하지 않음은
'약속한 님' 을 두지 않은 탓이리라

어느 여인이 가을에 그를 만난다면
혹 사랑을 고백할 지도 모를 일이지만
잉꼬의 금슬에다 신앙의 갑옷을 걸쳤으니
기도하는 마음은 오히려 가볍고 부드러웠으리

세파의 외로움도 같이 불어오는 탁 트인 언덕에 앉아
'당신 앞에선 혼자이게 하소서!'
(주여, 당신을 닮은 시인이 이슬 머금은 풀잎입니다)

시와 기도와 사랑으로 빚은 그의 웃음에는
삼중주로 반짝이는 잎새의 가을빛이 흘렀고
'후크 선장' 도 써 보지 못한 모자 테를 누르고
재치와 유머로 좌중을 느긋하게 간질이면
술잔마다 맑은 기운이 돌았으니
즐거움의 나눔도 인정 많은 심성의 여운이리라

* '한 오백 년', '야속한 님'은 그의 애창곡에서, '당신 앞에선…'은 그의 기도 시집『어느 때까지니이까』에서, '후크 선장'은 동화『피터팬』에서 따온 것.
* 한국일보 주간 · 월간 · 일간스포츠 편집부장. 공보처 전문위원 역임.

조선의 마지막 도공

– 천한봉 도예 명장

그의 인생은 도예의 외길이 있었을 뿐이었다
그 밖의 길은 빈 그릇처럼 비어 있었다
그는 채워지지 않는 외도를 하나하나 접어 버리고
누군가가 채워야할 그릇들을 빚어내고 구워냈다

그는 형상이 드러나지 않은 흙의 자리에서
대대로 불에서 불로 이어져 내려온 가마터에서
지친 육신의 허기를 채워줄 막사발과
탁한 정신의 어둠을 깨워줄 다기들을 만들어냈다

그가 만든 그릇에는 이미 그의 정신이 담겨 있어
이미 그의 뜨거운 열정이 담겨 있어
가마의 불길이 고요히 잠들어 있는 시간에도
그의 그릇에 닿으면 손이 놀라고 혀가 데이리라

조선의 마지막 도공인 그의 운명은
흙과 불가마 사이에서 깨어 있는 장인의 삶이었다

아, 불에 구워진 몸 안에서 물소리 들려올 때
다기든 막사발이든 그것은 곧 미(美)의 심연이었다

그는 도자기보다 부드러운 인품을 지녔다
작업할 때 그의 모습은 순박한 농부 같았지만
그의 작품들이 비어 있을 때 더욱 고상한 것처럼
겸덕을 이룬 그의 심성 또한 명장의 백미였다

* 대한민국 도자기공예 명장. 문경대학교 도자기공예과 명예교수 역임.

표범의 눈을 가진 탱크

– 최경주 골프 선수

그가 퍼팅에 앞서 그린을 읽고 있다
캡 아래로 그의 눈이 표범의 눈처럼 빛나고 있다
그에게 필드는 대륙 아메리카였다

그는 아메리카로 달려간 완도 산 표범
PGA 투어 다승을 거둔 표범
완도의 해풍을 마시고 자란 야성적인 체력으로
필드를 누비는, 표범의 눈을 가진 '탱크'

승부를 향한 그의 시선이 그의 몸을 이끌어 가는 동안
믿음직한 외모만큼이나 그가 지닌 심성 또한
자신을 나누기 위한 초원의 꿈을 머금고 있었고
그것은 이미 '최경주 재단' 으로 설립되어
아름다운 삶의 향기와 선율을 전해주고 있었다

그의 철학적 상징이 '빈 잔, 잡초, 계단' 이라 했듯이
그것들이 내포하고 있는 의미의 간결함처럼

그는 세계적인 골퍼임에도 자애와 겸손을 지니고 있어
오히려 나눔을 통해 힘을 얻게 되는
그의 참된 파워가 얼마나 웅장한지를 느끼게 했다

골퍼의 삶이 잔디밭처럼 푸르고 부드러울 수 있다면
그의 생애 또한 퍼팅 라인을 정렬하듯
감동의 신중함을 잃지 않기를 바라는 팬들을 향해
멋진 드라이버샷으로 염려를 날려버리는 그의 모습은
가장 열정적인 풍경으로 기억되리라

* '탱크'는 그의 애칭이고, '최경주 재단'은 그가 설립한 자선 단체.
* SK텔레콤 소속.

고려의 명장

– 최동호 시인·평론가

그는 고려의 명장이었다. 외유내강(外柔內剛)형인 그가
군사를 이끌고 시의 중원으로 출전할 때
휘하 참모들의 말발굽 소리와 함께
이목구비가 호걸풍인 그의 기상은 마치
독수리의 날개를 달고 포효하는 백호 같았다

거기에다 시의 발전을 위한 문학의 전열을 갖추고
산야를 가로지를 때의 그의 초연한 침묵은
기승전결을 마무리한 선시처럼 간결하였지만
시문학의 참된 완승을 향한 전투에서
그의 지휘 아래 펼쳐지는 조화로운 진격의 대열은
격전지에서 쓴 영웅전의 서사시 같았다

'시사랑' 을 통해 인간적인 감동을 주는 그의 원정(遠征)은
민족의 호연지기가 서린 '고려(高麗)' 의 병참을 출발하여
도서 벽지의 서정을 찾아가는 그의 인간미를 배경으로
의미의 아름다움이 첩첩산수와 같았다

존재의 변방에서 들려오는 정서의 불안들을 보며
문학을 향한 대장정의 걸음을 내디딜 때마다
삶의 가치가 시로 승화된 그의 도량은
고려의 명장다운 너그러운 인품을 갖추고 있었고,
병법보다도 다양하고 기교와 변수도 많은 시법 앞에서
오히려 그는 격전 중의 휴전처럼
시의 축제를 꿈꾸는 여유를 지니고 있었다

바다로 이어진 가람의 물살처럼, 그의 문학의 진격은
삶의 딱딱한 경계를 부드럽게 허물어
결국은 사람들의 마음에 시의 영토를 돌려주는 것이었으니
고려의 명장인 그가 곧 시의 명장이었다

* '시사랑'은 그가 이끄는 (사)시사랑회에서, '고려(高麗)'는 고려대에서 따온 것.
* 고려대학교 문과대 국문과 교수.

그리움의 스피드

– 최명길 포뮬러3(F3) 드라이버

지금, 그의 목표는 F1(포뮬러1)대회 우승이다
그 첫째 이유는 어머니를 찾는 것이고
둘째 이유는 자신의 꿈을 이루는 것이었다

그는 태어나자마자 5개월 만에 조국을 떠나야 했다
아직 배냇짓 할 때 네덜란드로 입양된 그는
타국의 양부모 밑에서 자라는 동안 친어머니가 보고 싶었다
지금은 자신을 낳은 어머니를 만나기 위한 희망을 가지고
세계 최고의 F1대회 우승을 향해 안간힘을 쏟고 있다

어머니를 만나려는 그의 열망이
최고 시속 300킬로미터의 가속 페달을 밟으며 질주할 때
그 놀라운 그리움의 스피드를 생각하면 가슴이 뭉클거린다
열망의 속도 속에서 클로즈업되는 아! 어머니,
당신이 버렸던 아들이 이토록 빠른 속도로 달려오는데
어머니! 당신은 지금 어디에 있나요?
당신의 가슴에 안겨보고 싶은 아들이 모국을 찾아왔는데

어머니! 그리운 당신은 지금 어디 있나요?

그가 F3대회에서 무궁화 빛깔을 상징하는 분홍색 바탕에다
조국의 위인들 이름을 적어 넣은 경주차로 우승할 때도
시상대에 태극기를 올리고 애국가를 연주하게 하였으니
'내가 유명해지면 어머니를 더 빨리 만날 수 있을 것' 이라는,
시간이 지날수록 간절한 그의 안타까움이야말로
듣는 이들에게 물보다 진한 피의 숙연함을 안겨주었다

아직도 그는 어머니를 만나지 못하고 있다
부디 그가 어머니를 만나고, F1대회에서 우승하기를
아, 그의 그리움을 함께 안고 빌어주어야겠다

* '포뮬러1(F1)', '포뮬러3(F3)' 는 국제자동차경주대회 종류이고, 스물다섯 살인 그의 네덜란드 이름은 리카르도 브르인스.
* 인디고 레이싱 팀 소속.

르네상스적인 선비

– 최종고 시인·법학자

그의 학문의 열정은 법(法)을 넘어섰고
사색의 깊이는 예(藝)의 상류를 흐르고 있었다

그의 운명에 안겨 있는 아호 '청리(靑里)' 의 뜻은
그의 어린 시절에서 노년의 문턱에 이르기까지
역마살에 이끌린 순수와 구도(求道)의 첩경을 지녔기에
그가 어디를 가고, 그 무엇을 추구하더라도
심성이 지닌 자애가 스스로에게 위안을 주는 까닭에
그의 삶은 달빛을 보며 시를 읊는 정감을 지녔다

그에게 있어 법학(法學)이 정실(正室)이라면
시·그림은 애첩 같았다. 정실의 폭이 넓고 예리한 반면
애첩의 사랑은 늘 부드럽고 애틋한 격정이라서
오히려 그는 때때로 고요의 화신처럼 외롭기도 했겠지만
그럴수록 그의 영혼의 불꽃은 더욱 강열해졌으리라

한 생애를 닦아가는 금강석 같은 그 마음이여!

동서양을 넘나들며 존재의 의지로 담아낸 존재의 빛을
두루 섭렵하여 사통오달로 비추는 그 자비심이여!

그는 내면에서 솟구치는 열정을 미(美)로 다스렸다
그가, '내 안의 두 마음, 로고스와 파토스/ 환갑 이후에는
어떻게 조절할까?/ 디케와 뮤즈를 따라갈 밖에' 하였듯이
법이 법을 낳고, 예가 예를 낳는 이치에 따라
살아오고 살아가는 좌표를 삼라만상의 흐름으로 삼았으니

그는 어렸을 적부터 무지개의 꿈에 안겨온 학자이자
'가슴 속까지 찌르르 달빛이 저려' 오는 밤에도
학문과 예술을 봉사로 섬겨온 르네상스적인 선비였다

* '청리(靑里)'는 그의 고향 지명을 딴 아호. '내 안…'과 '가슴 속까지…'는 그의 시집 『시 쓰는 법학자』에서 온 것.
* 서울대학교 법대 교수. 한국인물전기학회 회장.

거문고 타는 소년, 금아(琴兒)!

– 피천득 시인·수필가

그의 수필 '엄마'를 읽으면 마음이 애잔해지고
'인연'을 읽고 나면 그 여정이 아려온다
그의 시 '너'를 읽으면 인생이 차분해지고
'비 개고'를 읽고 나면 시골 추억이 떠오른다

그의 시와 수필은 곧 그가 타는 거문고였다
맑고 청아하게 울려오는 그의 소리는
어머니에 대한 그리움과 딸에 대한 사랑을 안고
가슴에서 가슴으로 번지는 애틋한 가락이었다

천진난만한 소년이 거문고를 탔었네
생애 내내 늙지 않는 소년이
홀로 아름다운 노래를 들려주었네

그의 삶은 맑게 수놓인 별빛 같았다
언제 어디서나 사랑의 고운 빛으로 반짝거렸다
아픔에도 빛나고 슬픔에도 빛나는 별이 되어

외로움에도 빛나고 그리움에도 빛나는 별이 되어
세상 속에서 아름답게 빛을 발했다

그가 있어 인생은 더욱 행복했다
행복한 것을 행복하다고, 소중한 것을 소중하다고
그래서 행복한 것, 소중한 것을 보여준 그는
시와 수필을 거문고의 가락으로 들려주었다

엄마 잃은 소년이 거문고를 탔었네
한세상 내내 늙지 않은 소년이
홀로 고요한 인생의 기쁨을 들려주었네

* '금아(琴兒)'는 그의 아호. 아홉 살에 잃게 된, 거문고를 탔던 어머니에 대한 그리움에서 지은 호라고 함.
* 경성대학교 예과 교수. 서울대학교 사범대 영문과 교수 역임.

장미(열정)의 여걸

– 한비야 저술가

그를 만나게 된다면
그의 삶의 열정을 닮은 장미 한 송이를
그에게 주고 싶다

북한산 등산로에서든, 아프리카로 가는 기내에서든
아니면 독바위 전철역에서든
'바람의 딸' 인 그에게 장미 한 송이를 건네주는 순간
나는 '지도 밖으로 행군' 했던 그의 용기를 만나게 되리라

그는 장미의 가시보다도 날카롭게
자신의 삶의 매 순간을 밝게 몰아쳐온 여걸이었다
세계를 향한 그의 원정이 '걸어서 지구 세 바퀴 반' 이라고 하니
그의 발은 이미 말발굽처럼 단련되었으리라

그가 달려온 여정으로 볼 때
그는 세계의 미래를 위해 지칠 줄 모르는 군마(軍馬)였다가
스스로의 비전을 열어 질주하는 경주마였다가

때론 세상 사람들로부터 사랑받는 애마였다

그가 영혼의 매혹적인 열정의 향기를 지니고
세상의 희망을 찾아 달려 나갈 때
생명의 가치를 위해 그의 용덕에서 분출했던 헌신적인 삶은
바로 '장미의 이름' 이었네. 그리고 '그건, 사랑이었네'

성모의 자애에 안긴 그는 분명 장미의 여걸이었다
그를 만나면, 그의 삶의 열정을 닮은 장미 한 송이를
그에게 전해주고 싶다

* '바람의 딸', '지도 밖으로 행군', '걸어서 지구 세 바퀴 반', '그건, 사랑이었네' 는 그의 책들 제목에서 따온 것이고, '장미의 이름' 은 움베르토 에코의 소설 제목을 차용한 것.
* 국제NGO월드비전 긴급구호팀장 역임.

인간에 대한 사랑의 품격

– 한순자 시인

이 세상에는 분명 천사 같은 사람이 있는 것이다
그가 자신을 내세운 일은 보지 못했다
모든 일에 너그러운 배려심이 드러날 때마다
그의 타고난 심성이 곧 너그러운 인품이란 걸 알게 했다
시인의 굴레마저 뛰어넘은 그의 심성은
어디서나 인간에 대한 사랑의 품격으로 드러난 것이어서
아무나 쉽게 흉내 낼 수 없는 경지였다

그는 모든 생명을 있는 그대로 아끼는 인간미를 지녔다
그것은 삶의 순리를 존중하는 그의 덕목이었고
존재의 흐름을 모성으로 받아들이는 애덕의 포용력이었다
그는 늘 영혼의 날개를 저어 오는 것만 같았다
'신세계로 고요히 흐르는/ 황홀한 여백' 속에서
신비로운 환희를 안고 지상으로 날아드는 것 같았다
그는 다수든 소수든 한마음 한 정성으로 대했고
언제나 심성의 안과 밖이 한결같이 맑은 물결로 흘렀기에
혹 세속의 탐욕에 길들여지고 찌든 자라면

그의 '비어 있어 높고 넓은 하늘' 빛을 눈부셔 못 보리라

시의 폭으로도 따를 수 없는 진선미를 지닌 그가
'석양을 품은 서쪽 하늘은/ 달게 익어 무르녹네' 하였으니
삶과 죽음의 경계도 없이 맑게 닦인 그의 영혼이
타오르는 노을빛을 안고 화사하게 날아올 때
사랑으로 따뜻한 그의 삶이 곧 천사의 여정이었음을 알리라
미처 그의 넓고 자애로운 성품을 알아차리지 못했더라도
그를 보는 순간, 그에게서 천사의 마음을 보게 되리라

* '신세계로 고요히…', '비어 있어 높고 넓은 하늘', '석양을 품은…'은 그의 시집 『바다로 가는 강』에서 따온 것.
* 조선문학문인회 회장 역임.

어머니의 긴 추억

– 함동선 시인

난(蘭)잎 선비 가슴에는
그의 어머니가 살고 있었다
연초록 새순 때 손 놓은
모정(母情)의 긴 세월이 이어졌다

그의 콧등에 박힌 점 하나는
달처럼 떠오르는 어머니에 대한 그리움 같았고
그의 아호 산목(散木)은 오히려
정한(情恨)을 풀어 날리는 가을빛이었다

그리움이 많으면
침묵도 정이 들고
아픈 기억들이 깊어지면
울음 또한 고요하리라

'눈감아도 보이는' 그의 모정은
세상을 향해

인고보다 강한 사랑이 되었다
아픔이 달빛에 녹을 때마다
그의 시는 말없이
남북을 오고 갔다

잔을 들고 마주 보는 눈 내리는 저녁
그가 두고 온 고향
황해도 연백 생가의 추억 속에선
인절미 구수한 그의 어머니의 손길이
월인정담(月印情談)으로 떠올랐다

* '눈감아도 보이는'은 그의 시 「눈감아도 보이는 어머니」에서 따온 것.
* 중앙대학교 교수. 한국현대시인협회 회장 역임.

초춘월야강매도(初春月夜江梅圖)

– 홍쌍리 매실 명인

그의 맑고 후덕한 얼굴이
강물에 어린 달처럼 떠오른다

수년 전, 춘월(春月)이 깊어가는 밤에
청학동에서 훈장들과 함께
밤을 도와 그의 매화밭으로 달려간 적이 있다
세상에! 십 리 길 농원이 온통 매화꽃으로 환하게 뒤덮여 있어
고요한 섬진강에 잠긴 만월(滿月)도
매향(梅香)에 취할 대로 취한 나머지 잔물결을 가누지 못할 때
일행들 서로 주거니 받거니 됫병 소주를 비워가며
꿈같은 초춘월야강매도(初春月夜江梅圖)에 들어앉아 취할 적에
문득, 이 선경(仙境)의 주인이 누구일까 궁금했어라

그가 바로 달빛 머금은 명인이란 걸 안 순간
내 기억 속에서 그는 선녀였다
그렇다면 그는 언제부터 선녀였을까 하고 거슬러 갈 적에
'밤나무골 김 영감' 으로 통했던 김오천 옹이 나오는데

이분이 바로 광양과 일본을 오가며 한평생 과수원을 일구었던
그의 시아버지였으니, 오늘날 광양시 다압면 일대를
무릉매원(武陵梅源)의 절경으로 만든 두 주인공이자
초춘월야강매도(初春月夜江梅圖)를 그려 놓은 분들인데
시아버지를 따른 며느리의 안목이 백미였다

한 알의 매실이 뱃속을 환하게 다스려주듯
미소 띤 그의 마음은 곧 선경 속의 매화 향기였다
두 번의 암 수술과 두 번의 교통사고를 겪어오면서도
오로지 사람의 건강을 위한 그의 정신이야말로
한겨울의 시련을 견디고 피어난 일지매, 그 기품이었다

* 한국 최초의 식품 명인. 광양 〈청매실농원〉 대표.

가마의 불길로 타오른 열정

– 홍종설 도예가

그를 본다. 그의 다감한 심성을 보고
그가 빚은 분청 양각문 항아리와 백자 달항아리를 본다
다시 본다. 그의 열정이 빚어낸 작품을 보는 순간
철화분청에선 해바라기가 피어나고, 달항아리에선 달이 솟는다

그의 작품들은 곧 그의 심성에서 나온 정한의 고운 살결이었다
그가 육군 소장으로 예편할 때까지 지녀온 의연한 세월이
드디어 묵상의 고요로 다듬어진 맑은 빛깔이었다
분청어문상감접시와 백자철사어문큰사발에 그려진 물고기 또한
그의 오랜 열망이 물 위로 솟구쳐 오른 것이었고
장성(將星)의 기개가 장인(匠人)의 경지로 들어선 깊이였다

어느 한순간에, 그의 열정은 가마의 불길로 타올랐으리라
그가 물레를 돌려 흙의 혼을 깨워낼 때마다
흙 만지길 좋아했던 어린 시절 추억이 되살아날 때마다
그는 존재의 질감이 흙이었다는 감촉에 거듭 사로잡혔으리라

그의 정신은 구도(求道)였다. 계룡산에서 철화분청사기를 배웠고
문막에서 물레 다루는 법을 익혔다. 이천에선 전통 도자기를
연구했고, 광주에선 백자 달항아리 만드는 법을 전수받았다
그가 빠른 속도로 많은 세월을 주파해온 것을 보면
감성의 친화력으로 반죽해서 구운 국화문양이(兩耳)항아리처럼
몸과 영혼을 열어 도예의 대관을 체현해 담아두었음을 알게 했다

그의 작품에선 그들 부부의 다정한 사랑의 빛깔도 우러나왔다
얼마나 껴안아 주었는지, 도자기들도 그의 아내를 닮았다
어느 날, 그가 도예의 깊이에 취해 "혼절의 미학!"이라고 외쳤듯이
그가 아내를 사랑하듯 달항아리를 안고 기뻐할 때
이제 나도, 갑장인 그의 보람을 향해 뜨거운 추임새를 보낸다

* "혼절의 미학!"은 그의 개인전 도록에서 따온 것.
* 육군 소장 예편. 육군헌병감. 국방부 조사본부장 역임.

난시화(蘭詩花)

– 홍해리 시인

난(蘭) 잎이 흔들린다
고요를 가만히 흔드는 잎이다
그는 난향천리(蘭香千里)에 있다
난향천리까지 닿은 사람이 없더라도
그의 어깨는 난 잎에 닿고
한 잔, 홍안은 난향에 머물렀다

사람은 난을 닮아야 했다
슬픔 머금은 향기처럼 칼날을 스쳐야 했다
그의 시는 칼끝에 잘린 절제였다

난을 보며 시를 쓰니
천 리의 발걸음이 가볍네

그를 아는 데는 삼 년은 지나야 했다
'난정(蘭丁)' 에 오른 사연은 또
삼십 년은 족히 머물거늘

그 향이 정수리에 배일 때까지는
누군들 묵도(默道)를 닦아야 하리라

한세상이 난만 같아라
백골(白骨)의 뿌리에서
득도(得道)의 첩경이 가볍게 흔들리는
난시화(蘭詩花)를 얻게 되리라

벙그는 꽃잎에 입술이 닿으면
데인 혀가 천 리를 달리듯
그의 어깨에서 난 잎이 흔들린다

* '난정(蘭丁)'은 그의 아호.
* (사)우리시진흥회 이사장 역임.

고결한 군계일학의 거장

– 석전(石田) 황 욱 서예가

무욕(無慾)에 안긴 그의 고고한 서체는
수령을 짐작할 수 없는 천년송의 우람한 기세를 품고 있었다
풍상의 세월에도 끄떡 없이 버텨온 필선마다
용 비늘이 살아 꿈틀거리고 있어
잠시라도 한눈파는 사이에 글자들이 승천해 버릴 것만 같았다

서체마다 스스로 숨을 쉬는 신필의 경지 속에서
그의 예술혼의 깊은 고요가 물밀듯이 밀려드는 순간
그가 걸어온 생애 앞에 온몸이 저절로 떨린다

그의 작품은 곧 그의 혼신이 담긴 그의 분신으로서
60세 들어 수전증으로 쌍구법의 글을 쓸 수 없게 되자
손이 떨리지 않도록 붓을 손바닥으로 거머쥐고
꼭지를 엄지로 꽉 누르면서 쓴 악필법(握筆法)으로 운필했기에
운필할 때마다 그의 혼신이 글자로 옮겨 들어간 서체였다

그가, 여추획사(如錐劃沙) 여인인니(如印印泥)라 하여

'송곳을 잡아 모래 위에 획을 긋듯 하고, 머무를 때는
진흙 위에 도장을 찍듯 해야 한다' 고 말했듯이
악필에 의한 서체마다 더욱 질박하고 견고해진 조형미를 드러내며
그의 삶과 글씨가 석전체(石田體)의 기풍으로 꿈틀거렸으니

그의 서도(書道)의 폭과 타고난 열정의 깊이를 알 수 없어라
당대 서단의 대가들이 한결같이 극찬했음에도 불구하고
찬사를 초월한 그의 심오한 묘리(妙理)를 헤아릴 길 없어라

그는 끊임없는 노력과 함께 선비의 풍모를 지켜온 거장이었다
가야금을 퉁기며 신체적 불운을 딛고 일어선 그는
일체의 탐심을 벗어난, 고결한 군계일학의 거장이었다

* 황 욱(黃 旭) (1898.1.12~1993.3.22)

위대한 승리

– 황영조 마라톤 선수

그의 마라톤 인생은 일필휘지였다
가파르기로 유명한 몬주익 언덕 40킬로미터 지점 내리막길에서
그가, 끈질기게 따라붙던 일본 선수 모리시타를 따돌리고
바르셀로나 올림픽 메인스타디움으로 들어서자
8만여 명의 관중들이 모두 일어나 기립 박수를 보냈다
그는 트랙을 돌며 두 팔을 번쩍 들어 올려 결승선을 통과했다
세계 마라톤 역사에 일대 획을 긋는 순간이었다

더구나 그날은 56년 전 베를린 올림픽에서
손기정 선수가 일장기를 달고 우승했던 바로 그날이었다
56년 긴 설움의 정한을 한꺼번에 쓸어내리듯
최초로 올림픽 메인스타디움에서 애국가가 울려 퍼졌고
시상대에서 내려온 그가, 관중석에 앉아 있는
손기정 선생께 금메달을 걸어드리자 선생은 눈물을 흘렸다

이미 그는 제16회 하계 유니버시아드 대회에서 우승했고
벳푸 오이타 마라톤대회에서 한국 최고 기록을 세웠으며

올림픽 이후에는 히로시마 아시안게임에서 금메달을 걸었고
보스턴 마라톤대회에서 2시간 8분 9초의 한국 최고 기록을 수립했다

그가 달릴 수 있는 저력의 원천은 그의 어머니였다
효자였던 그는 "오늘날 나를 있게 한 건 어머니다. 어머니를
기쁘게 해 드리기 위해 나는 달렸다"라고 말했다
사람들이 그가 폐활량이 뛰어나서 잘 달린다는 말에도
그는 "마라톤은 정직한 운동이다. 땀 흘린 만큼 결과가 나온다. 잘
뛸 수 있었던 건 폐활량이 아닌 강인한 정신력"이라고 했으니

진정, 백 년에 한 번 나올까 말까 한 그를 생각할 때
한국적 어머니상의 모정에서 비롯된 그의 위대한 승리야말로
온몸으로 고난의 길을 달려온 한국인의 승리임을 알게 되리라

* 바르셀로나 올림픽 금메달리스트. 국민체육진흥공단 감독.

고요에서 피어난 영혼의 맑은 향기

– 황인란 화백

그의 화면이 침묵의 격조를 지니고 다가온다
존재의 무거움이나 가벼움의 과불급을 넘어서
인간의 심성이 바라는 가장 안정적인 채도, 그 모상의
평온을 에두르고, 고요의 정적 한 자락을 끌어온다

그의 도상에서 인물의 중심은 무심이다
세속의 내외적 표정이 절제된 무념의 평면 속에서
자신의 영혼의 얼개가 가만히 저 홀로 걸어 나와 있다

영혼이 지니고 있는 무색무취의 고결함을 그린 듯
화자와 독자 사이로 등장한 화폭들이
내면에서 걸러진 모든 고통과 갈등의 흔적 없이
종횡의 사유로 짜인 격자선의 품위를 지켜주고 있다

그의 얼굴은 이마에서 턱까지 내려온 자애의 중심축이
이목구비의 균형을 갸름하게 아우르고 있어서
그의 목소리에서 느껴지는 심성의 푸른 기운과 함께

그림으로 표현되고 있는 예술혼의 깊은 멋을 알게 했다

그와 그의 그림은 삶에 대한 연민을 보여주었다
인생을 격렬하게 치달아가는 시간 속 좌충우돌이 아니라
존재의 굴곡마저도 고요하게 합일되어 흐르는 가운데
놀랍도록 차분한 평온을 무위까지 이어주고 있었다

누구든 그의 영상이 주는 아득한 경계를 볼 때마다
삶과 예술의 물결로 밀려드는 명상의 선율을 만나리라
그의 그림 속 흰 비둘기의 숨결로 다가오는,
그 고요에서 피어난 영혼의 맑은 향기를 맡게 되리라

* 홍익대학교, 백석예술대학교 출강.

아름다운 혼을 지닌 사람들

– 이인평 인물시 『명인별곡』 제1집

임 보(시인)

시가 다루는 대상에는 제한이 없다. 산천초목으로부터 금수어충에 이르기까지 다 시의 소재가 된다. 크게는 거대한 천체 우주에서 작게는 눈에 잘 보이지도 않는 미생물 등 시로 다루지 못할 것이 없다. 말하자면 삼라만상이 다 시의 소재가 된다. 모든 소재들이 다 다루기 만만찮지만 그래도 그 중에서 가장 까다로운 것이 '인물'이다. 인물은 밖으로 드러나지 않는 복잡다단한 내면의 세계를 지니고 있기 때문이다. 그래서 인물시는 많지 않다.

그런데 이인평 시인이 십여 년 전부터 어려운 인물시에 도전하여 드디어 첫 번째 인물 시집을 묶게 되었으니 실로 경하해 마지않을 일이다.

나는 이인평 시인의 인물시들을 읽어 가면서 그가 어떤 기준으로 인물들을 선택했을까 궁금한 생각이 들었다. 이 세상에는 수천억의 인류들이 살아왔고 또한 현재 수십억의 인구들이 살고 있는데 그 많은 사람들 가운데서 어떤 인물이 이인평 시인의 관심의 대상이 된단 말인가?

시집의 제목을 『명인별곡』이라 칭했지만 그가 뜻하는 '명인(名人)'이란 세상에 널리 알려진 '이름 난 사람'의 의미는 아닌 것 같다. 세상이 다 알고 있는 역대의 유명한 정치가나 기업인들은 하나도 끼어 있지 않기 때문이다. 그가 생각하는 '명인'이란 어떤 사람일까 생각해 볼 일이다.

수석(水石)을 좋아하는 사람들은 강가의 돌밭에 나가 돌을 고른다. 수십만 개의 돌들이 쌓여 있는 광막한 돌밭에서 그들은 아무 돌이나 고르지 않는다. 그들에겐 돌을 고르는 기준이 있다. 첫째는 질이 좋은 단단한 돌이

어야 하고, 둘째는 물결에 잘 씻겨 깨어진 흠이 드러나지 않아야 하고, 셋째는 어떠한 형상이나 아름다운 문양을 지니고 있어야 한다. 수석인들은 이 세 가지 기준을 충족시킨 돌을 수석으로 선택한다.

수석인들이 수석을 신택한 기준처럼 이인평 시인이 인물시의 대상을 선택함에도 분명 어떤 기준이 없지 않을 것으로 생각된다.

이인평 시인이 이 시집에서 노래한 인물들은 다 시인과 동시대를 살고 있는 한국인이다. 그 가운데는 서화가 시인 음악인 등 예술가들이 압도적으로 많지만 각계각층의 인사들이 다양하게 선택되어 있다. 세상 사람들이 익히 잘 알고 있는 유명 인사들이 있는가 하면 아직 세상이 잘 모르고 있는 비유명인들도 적지 않다.

그렇다면 이인평 시인이 그의 인물시의 대상으로 선택한 기준은 무엇이란 말인가? 나는 그의 인물시들을 읽으면서 그가 선택한 인물의 특성들을 다음의 몇 가지로 분류해 보았다.

첫째, 진실한 사람들

삶의 가치는 직위의 고하나 직업의 귀천으로 평가되는 것이 아니다. 얼마나 자신의 신념에 좇아 충실히 사느냐가 중요하며 또한 자신이 처한 상황을 얼마나 성실히 극복해 가느냐가 문제다. 말하자면 삶의 가치는 진실성의 여하에 좌우된다고 할 수 있다. 이인평 시인은 바로 이런 진실된 삶을 산 성실한 사람들에게 관심을 보이고 있다.

외롭고 쓸쓸한 세월을 다독이며
이십 년이 넘도록 찍어 온, 그의 사진에 담긴 제주의 풍광마다
그의 영혼의 숨결이 빛을 머금고 있었다
폐교된 삼달초교에다 꾸민 그의 '두모악' 갤러리에는
바람이 그의 안타까운 숨결을 벗 삼아 주고 있었다

– 「아름다운 영혼의 영상」 부분

김영갑 사진작가가 세운 〈두모악〉 갤러리에 전시된 작품들을 보면서 그의 삶과 예술을 노래한 글이다. 김영갑 작가는 제주의 아름다운 풍광을 렌즈 속에 담기 위해 20년 동안 매달려 온 사람이다. 특히 불치의 루게릭 병과 6년 동안 싸우면서도 그는 카메라를 놓지 않고 작업을 계속했다. 세속과 타협하면서 명리를 좇아 세상을 살아가는 그런 삶이 아니라 신념을 위해서 정직하게 살아가는 초지일관의 변함없는 삶을 살았던 분이다.

> 그는 자신의 삶과 신앙의 깊이를 동화에 담아
> 생명의 작고 소중한 것들의 위대함을 세상에 알렸다
> 그는 소변 주머니를 찬 채, 어머니를 부르며 임종했다
> 인세(印稅)는 모두 어린이들에게, 살던 흙집은 허물어
> 자연에게 돌려주라는 유언을 남겼을 뿐이다
>
> -「동심의 성자」 부분

아동문학가 권정생을 읊은 시다. 한평생 가난과 병고에 시달리면서도 순결을 잃지 않고 동심의 세계 속에서 진실하게 살았던 한 생애를 찬양하고 있다. 초라한 몇 평짜리 흙집에서 기거하면서 교회의 종지기로 어렵게 지냈던 권정생, 그러나 그는 아이들을 위한 아름다운 동화를 쓰면서 참된 삶을 살았다. 풍요 속에서 인생을 덧없이 허비한 세상 사람들은 그의 검소하고 정직한 생애를 통해 뜨거운 교훈을 얻게 되고 또한 스스로 아픈 반성을 하게 한다.

둘째, 착한 사람들

이인평 시인이 다룬 사람들은 다 착한 사람들이다. 삶의 가치는 수지타산을 맞추는 데 있는 것이 아니라 얼마나 남을 이해하고 배려하느냐가 문제가 된다. 선량하고 어진 삶이 긴 생명을 갖게 된다. 바로 성인들의 삶이 이를 증명해 보이지 않던가.

그는 아버지의 모습을 닮은 그대로
당신을 닮은 찬미의 미소를 머금은 어린이였습니다
당신은 그의 맑은 영혼으로
기쁨의 파문이 녹아들게 하셨습니다

–「아버지의 모습을 닮은 그대로」 부분

화자는 구상 시인을 통해 어린이처럼 천진난만함과 맑음을 보면서 기쁨에 젖는다. 도인과 같은 선량한 삶을 산 구상에게서 창조주의 손길을 느꼈던 것 같다. 구상은 어려운 사람들에게 구원의 손길을 편 이 시대에 쉽게 만날 수 없는 양심적인 시인이었다.

주님, 그가 우리에게 당신을 보여 주었습니다
당신이 사랑하신 이 땅의 민족들에게
그는 당신의 사랑이 무엇인지를 알려 주었습니다

그의 눈물은 곧 당신의 눈물이었고
그의 교훈은 바로 당신의 가르침이었습니다
그의 희망과 용기는 곧 당신의 자애였고
그의 외침은 바로 당신의 말씀이었습니다

–「위대한 목자」 부분

김수환 추기경을 그리스도의 현신으로 그리고 있다. 성직자의 삶이 청정한 것은 더 말할 것도 없지만 성직자 가운데서도 추기경에 오른 김수환 신부야말로 아성에 가까운 인물이 아닐 수 없으리라. 어려운 처지에 놓인 사람들에게 빛과 소금이 되었던 김수환 추기경에게서 천주교도인 이인평은 그리스도를 보았다고 칭송한다.

셋째, 아름다운 사람들

아름다운 삶을 산 사람들이 주목의 대상이 된다. 어쩌면 그가 가장 많은 관심을 보이고 있는 시인 예술가들이야말로 가장 아름다움을 사랑하고 또한 아름다움을 창조하면서 살아가는 사람들이지 않겠는가.

스케이트가 곧 그의 날개였다
어느 전설 속의 요정이 호반으로 날아 내려오듯
그가 은반으로 미끄러져 들어올 때
당찬 그의 눈빛은 오랜 신비를 머금고 있었다
그것은 전설이 펼쳐지기 전의 표정이었다

–「전설이 전설로 이어지고 있는 풍경」 부분

우리가 자랑스러워하는 김연아 피겨스케이팅 선수가 세계무대에서 그랑프리를 획득하는 감격적인 순간을 노래하고 있다. 피겨스케이팅은 몸으로 빚어낸 황홀한 예술품이라고 하리라. 김연아는 그야말로 은반의 요정이라고 이르지 않을 수 없다.

클래식계의 거장들이 극찬을 아끼지 않았듯
그는 하늘이 내린 금세기 최고의 프리마돈나였다
어느 대목이나 자유자재로 오르내리는 그의 목소리는
감히 흉내 내기조차도 어려운 천상의 선율이었다

–「하늘이 내린 프리마돈나」 부분

세계적인 소프라노 가수 조수미다. 천상의 음색으로 청중들을 사로잡는 조수미의 소리를 그는 무지개 같다고 표현한다. 또한 '위대한 신의 자비로움이 지상의 슬픈 영혼들에게 영성으로 깃들어 인간이 지닌 무형의 혼을 깨워 전율케 한다' 고 찬미한다. 아름다운 목소리로 세상을 아름답게 장식한 사람이다.

사실 모든 예술가들은 아름다움을 창조하여 세상을 더 아름답게 만들어가는 사람들이라고 할 수 있다.

넷째, 최선을 다한 사람들

어느 시대 어느 사회에서나 소위 성공한 사람들은 최선을 다해 역경을 이겨낸 사람들이다. 이 시집에 거론된 거의 모든 사람들이 이에 해당되겠지만 특별히 다음의 두 사람을 예로 선택한다.

그의 몸은 기적으로 이루어진 하나의 선율이었다
선천성 사지기형 1급 장애로 양손에는 손가락 네 개
무릎 아래로는 두 다리가 없고, 뇌 지능이 낮은 그에게서
베토벤의 '환희' 와 쇼팽의 '즉흥환상곡' 이 흘러나올 때
세상의 인식을 초월하여 옥타브를 넘나드는 그의 네 손가락은
온전히 그의 존재가 음악으로 변모된 기적이었다

– 「네 손가락의 기적」 부분

피아니스트 이희아 얘기다. 키 103센티미터, 몸무게 33킬로그램, 무릎 밑 두 다리가 없는 지능 장애아가 네 손가락밖에 없는 두 손으로 놀라운 연주를 하여 청중을 열광시킨다. 이희아가 이렇게 되기까지는 물론 그의 어머니의 보살핌이 절대적이었으리라. 그러나 여러 악조건과 싸워 이를 극복해 낸 본인의 불굴의 투쟁을 생각하면 얼마나 눈물겨운 일인가. 모든 조건을 다 갖추고 있으면서도 아무 능력도 못 길러낸 보통 사람들을 한없이 부끄럽게 한다.

키 155센티미터에 몸무게 47킬로그램으로
14좌 완등을 눈앞에 두고 있는 그의 얼굴은
자신의 열정에 비해 믿기지 않을 정도로 여려 보였지만
그는 결국, 그토록 작은 체구로 안나푸르나를 정복하여
지구상에서 가장 높은 14좌 등정 최초의 여인이 되었다

– 「기적의 여신」 부분

세계 최초로 히말라야 14좌를 정복한 여성 알피니스트 오은선에 관한 글이다. 마지막 안나푸르나 등정을 중계하는 TV화면을 지켜보면서 감격을 적고 있다. 여성의 약한 체구로 8천 미터 급의 설산을 14개나 오르는 데는 얼마나 많은 생사의 고비를 겪었겠는가. 설산의 혹독한 추위를 뚫고 제대로 호흡도 못하면서 한 걸음 한 걸음 올라가는 그의 투혼이야말로 인간한계와의 대결이었으리라.

다섯째, 자연을 즐기는 사람들

자연처럼 큰 스승은 없다. 그래서 고래로 뜻있는 사람들은 자연을 가까이 하고 자연을 배우면서 맑게 살고자 했다. 오늘날에도 우이동의 몇 시인들 가운데는 자연을 떨쳐버리지 못하고 천석고황을 앓고 있는 이들이 있다.

섬이었으므로, 바다에 떠 있는 그를 만나려면
누구든 배를 타고 가야 한다
그렇더라도, 그 섬에 쉽게 당도하지는 못할 것이다
한곳에 떠 있는 섬이 아니었으므로
배를 잘못 타면 혹 길을 잃게 되리라

– 「영혼이 된 섬」 부분

한평생 수천 개의 섬을 섭렵하면서 떠돌아다닌 이생진 시인 얘기다. 세상과 격리되어 있는 외로운 섬을 찾아다니며 맑은 바람과 망망한 바다에 거친 마음을 씻는다. 80이 넘은 노구에도 지치지 않고 계속되는 섬들의 편력이 경이롭기만 하다.

사람은 난(蘭)을 닮아야 했다
슬픔 머금은 향기처럼 칼날을 스쳐야 했다
그의 시는 칼끝에 잘린 절제였다

난을 보며 시를 쓰니
천 리의 발걸음이 가볍네

－「난시화(蘭詩花)」 부분

세란헌(洗蘭軒) 주인 홍해리 시인은 한때 수천 분의 난과 함께 살았다. 봄이면 춘란을 채취하려 남도의 산천을 주말마다 헤매고 다녔다. 눈이 밝은 이는 한 포기의 난초를 놓고도 그가 지닌 맑고 그윽한 성품을 본받고 익히리라. 이젠 그의 난초 사랑이 매화와 대 등 사군자를 넘어서 자연에 이르고 있다.

마무리

나는 이인평 시인이 선택한 인물의 유형을 다섯 가지로 나누어 제시했다. 진실하고, 착하고, 아름답고, 최선을 다한 치열함과 자연을 즐기는 사람들로 분류했다. 이를 달리 표현하면 진(眞) 선(善) 미(美)를 추구하고 근면(勤勉)과 친자연(親自然)을 지향하는 인물들이라고 할 수 있다. 이런 이들을 우리 선인들은 '선비'라는 이름으로 불렀다. 이인평 시인이 그의 인물시의 대상을 고르는 기준은 바로 '선비'인 것이다. 따라서 그의 인물시 연작은 오늘날에 선비를 찾는 작업이라고 말할 수도 있으리라. 이인평 시인의 인물시집 『명인별곡』은 단순히 유명한 사람들이 아닌, '아름다운 혼'을 지닌 이 시대의 선비들이라 해도 무방하다.

나는 이 글의 모두에서 인물시 쓰기의 어려움을 말했다. 그 어려운 일에 십여 년 동안 매달려 각고의 노력을 기울이고 있는 이인평 시인은 이제 인물시의 권위자가 된 셈이다. 그는 인물의 내면 깊숙이 자리한 혼을 꿰뚫어 보는 혜안을 지니고 있다. 그래서 그의 인물시는 생동감을 가지고 우리의 심금을 울린다. 그로 말미암아 우리 시문학사에 '인물시'라는 새로운 장르가 자리잡게 될 것으로 예상되며, 그를 두고 '인물시인'이라는 칭호가 생겨날 것도 같다. 부디 훌륭한 인물시인으로 더욱 감동적인 인물시들을 많이 생산해 내어 세상을 보다 밝고 아름답게 가꾸어 주기를 기대해 마지않는다.

명인별곡 | 이인평의 인물시 제 1집

초판 1쇄 인쇄 | 2011년 3월 3일

지은이 | 이인평
펴낸이 | 최이숙
펴낸곳 | 도서출판 황금마루
편집·표지디자인 | 애드비에스

출판등록 | 제395-2010-000158호
주소 | 우편번호 412-210
경기도 고양시 덕양구 토당동 능곡1차 현대홈타운 103동 2503호
전화 | 070-8273-2525
핸드폰 | 010-7623-9909
블로그 | iplee828.blog.me
이메일 | goldmaru@hanmail.net
값 | 12,000원
ISBN | 978-89-965832-0-2